鬆弛感

就是怎麼舒服怎麼活

*小野／著

前言
鬆弛的人，溫柔且有力量

我嘗試過很多不同的生活方式，從極簡到自律，從尋求改變到打造生活的高級感，一路走來，因為踐行這些生活方式，我從一個設計師轉變為職業的寫作者，在不同的人生階段收穫了不同的驚喜。然而對我來說，更重要的是，不斷地摸索和調整造就了我能夠自在地面對世事的生活態度——鬆弛。

為了過上理想的生活，現代人似乎把緊繃訓練成了一種本能。在學生時代，我們保持緊繃，用努力換取優異的成績；進入社會後，我們時刻鞭策自己，用更好的業績或更高的職位來獲取更優渥的薪水，以支撐自己過更好的生活。弦緇緊了易斷，人緇緊了易疲。如果不學會鬆弛，我們很容易在緊張的快節奏中迷失自己。

鬆弛感，這三個字看起來雲淡風輕，真正做到卻不容易。鬆弛感不是對自己放鬆要求，透過降低目標來讓自己在做事的過程中更舒服；真正的鬆弛感是把精力都專注於當下，無論結果好壞，不抱怨也不畏懼，心平氣和地面對。

一如我之前提倡的那些生活方式，鬆弛感也是可以培養的。

鬆弛感的本質是對自己的篤定，也可以視為一種信念，「泰山崩於前而色不變，猛虎躑於後而魂不驚」，這種篤定和信念來自強大的自我；鬆弛感的表現則是穩定的情緒，如涓涓細流一般滋養自己和他人，而不是如洶湧的波濤將周圍的萬事萬物都淹沒了；只要我們用積極的思維去面對和調整，無論生活、職場還是親密關係，都可以保持鬆弛的狀態。

所有這些關於鬆弛感的理解和思考，我都寫進了這本書裡，願你也能在不疾不徐的節奏裡，找到一片屬於自己的人生曠野。

＊小野，二〇二三年三月

目錄

Chapter 2

穩定情緒：找到讓自己舒服的出路

目錄

Chapter 3 輕鬆生活：太用力的人生走不遠

Chapter 4

平衡職場：尋求持續的職場自由

目錄

Chapter 5 親密關係：活在自在的關係裡

Chapter

1

強大自我：鬆弛來自安全感

鬆弛相對的狀態是焦慮，人之所以焦慮，究其原因，往往是自己的能力配不上自己的野心。

1. 走出盲點：鬆弛不是躺平，而是努力後的釋然

「緊繃感」是當代年輕人的通病，一天二十四小時似乎不夠用，時刻處於「戰鬥」狀態，身心都處於疲憊狀態。

在持續而高效運轉的背後，是社會的內捲現象，大家只能越來越拚命，別人能做到的我也能做到，甚至做得更好，這樣才不會失去對生活的掌控權。然而，這也恰恰讓我們無法掌控好生活。

於是為了對抗「內捲」，不少人選擇「躺平」。什麼是躺平？說簡單點，躺平就是不上班、不勞動、降低慾望。

只是單純地放棄努力，就像自我麻痺的阿Q精神，認為一旦自己不努力了，就可以完全擺脫生活的裹挾。可是，一個人能真正擺脫心理上想要獲得成就感的訴求嗎？難。大多數人「身躺而心不平」，根本做不到真正的「無欲無求」。

所以說，逃離「內捲」的真正辦法不是「躺平」，而是需要積極的「鬆弛感」。

鬆弛感不是放棄努力的躺平，不是什麼都不在乎，不是無所事事的悠閒，而是盡力之後對追求的隨遇而安，是無所畏懼活出自在心安、堅持自己的本性。

畫家何多苓曾說：「我和林丹[1]握手，他的手和女人一樣柔軟，我

1 中國羽球男運動員，長期排名世界第一，被公認為同時代實力最強的羽球運動員，甚至是羽球歷史上最偉大的球員「羽壇GOAT」(greatest of all time)。

一下子就明白了什麼是所謂的鬆。」她認為，我們要保持一種鬆弛的狀態，當處於「緊」的狀態，什麼事都做不好。想要獲得鬆弛的狀態，一定要經過「緊」的階段。

我們看到的別人展現出來的鬆弛感，背後或許是十幾年如一日的努力。只有長期地努力和自律，成為一個厲害的人，才能獲得鬆弛感。

不管何時，鋼琴家郎朗只要坐在鋼琴前，就能游刃有餘地彈奏。郎朗這樣敘述自己：「我每天肯定要保持兩小時練琴，不是基本上不間斷，就是不間斷，再怎麼累我也會練，綜藝錄到兩點我也得練一小時，半夜也得練一會。你必須做到這樣，要不然很危險。」

當一個人想用盡全力實現自己的目標，或是特別想改變生活的某一方面時，他一定是「緊繃」的。正是日復一日的訓練，才使得郎朗無論到哪裡、無論什麼時候，只要有一架鋼琴，就能帶來一段令人驚艷的表演。

鬆弛感需要足夠的實力和心力去支撐。有足夠的能力和閱歷，才會在面對問題的時候不慌不忙，處理事情時全力以赴，哪怕最後結果不盡如人意也能坦然接受。

每個人在生活中都難免碰到挫折。當我們為一個目標奮鬥時，很可能遇到各種各樣的干擾和阻礙，導致結果不盡如人意。如果長時間地沉浸在負面情緒中，帶來的會是無盡的頹廢，為難的會是自己。唯有擁有強大的心力，才能在困難來臨之時不自亂陣腳；也只有保持良好的心態，吸取教訓，才能有機會扭轉局面，讓事情朝好的方向發展。

與鬆弛相對的狀態是焦慮。人之所以焦慮，究其原因，往往是自己的能力配不上自己的野心。如果我們的實力已經不可替代，那麼焦慮和不安的情緒會隨之消失，取而代之的是一種掌控感和安全感。當一個人覺得周遭的環境乃至自身都處於可掌控的局面時，處理事情時也就能游刃有餘、鬆弛有度。

在人生的旅途中，如果我們一味地追求實現某個目標，那麼就容易激發得失心。這種得失心讓我們在面對挫敗時產生沮喪的心理。但是，如果我們把精力聚焦於過程，把一切順境和逆境都視為不可避免的體驗，也就更容易釋然。

當你歷經失敗後，才會真正懂得越挫越勇；當你有足夠的能力和閱歷，才會在面對問題的時候不慌不忙；當你全力以赴後，哪怕最後結果不盡如人意也能坦然接受。

2. 強者思維：最高級的鬆弛感是每天鼓勵自己

被評價為具備鬆弛感的人，大多都是自我價值極高且高度認可自我的人。一個處於弱者模式的人，往往將自己置於弱小、無助的境地，把整個世界放在對立面。在心理學中，這種消極的心態是典型的受害者模式。受害者模式也叫弱者模式，如果一個人陷入這種模式，會出現以下幾個明顯的特徵：

- 認為整個世界都在和自己作對。
- 將自己生活中的不順歸咎於他人。

- 用消極的態度應對生活中出現的問題。
- 把別人的意見當作攻擊。
- 對周圍接觸的人都充滿負面的情緒。
- 無法認知到自己的錯誤並做出改變。

試問，如果一個人患得患失，又怎麼可能實現精神上的鬆弛呢？

那麼，怎樣才能培養出自己的強者思維呢？最簡單的辦法就是給自己積極的心理暗示。

心理暗示不僅會影響和改變人的心理與行為，還能對人的生理機能施加影響。在面對同一個局面時，不同的心理暗示會帶來不同的結果。舉個簡單的例子，假如你參加一場比賽，自認為能拿第一，結果拿了第五。在這種情況下，在消極的心理暗示下，你會覺得失望，甚至喪失再次參加比賽的勇氣；在積極的心理暗示下，你會吸取這次失利的經驗和教訓，然後做出相應的調整，讓自己的實力越來越強大。

在生活中，如果我們能夠運用積極的心理暗示，不但會讓自己變得積極向上，就連境遇也可能朝著好的方向發展。

該如何對自己進行積極的心理暗示呢？做好以下兩個方面就行了：

一、欣然接受別人的讚美

處於弱者模式的人總是覺得自己不夠好，他們的人生信條是「我很平庸，不值得被人讚美」。

扔掉這種信念吧，別讓這種卑微的想法束縛自己。那些帶著愛的讚美是人間瑰寶，只有欣然接受別人的讚美，讓自己相信自己「夠好」，才能避免過於苛求自己，也不那麼緊繃。

◆二、每天鼓勵自己

積極的心態可能來自別人的鼓勵，但更重要的是給自己積極的心理暗示，也就是學會自我鼓勵。如果你不擅長自我鼓勵，那麼記住下面幾句話，也許會對你有所幫助。

第一句話：我是這個世界上獨一無二的存在。

生而為人，最悲慘的莫過於努力了一生，卻變成了「他人」。如果一個人認識不到自己有多麼獨特，就很容易被別人的評價左右。所以，大聲地告訴自己，你是這個世界上獨一無二的存在。

第二句話：我很棒，我能做到。

我讀過這樣一個故事：索拉里是一個修補匠，他的家境十分貧寒。有一次，當地有名的畫家安東尼奧請索拉里到家裡修補畫具。畫家的女兒美麗又優雅，索拉里對她一見鍾情。

勇敢的索拉里向畫家提親，想要娶畫家的女兒為妻。畫家見索拉里只是個窮小子，開玩笑地說：「娶我女兒的人，只能是和我一樣優秀的畫家。你能做到嗎？」索拉里當真了，和畫家定下十年之約，他承諾自己十年後一定會成為一名優秀的畫家。

從那以後，索拉里每天早上起床後做的第一件事就是大聲地告訴自己：「你一定能成為像安東尼奧那樣偉大的畫家！」接下來的每一天，他都滿懷激情和信心，努力地提升自己的技藝。十年後，索拉里真的成了著名的畫家，他的成就甚至超過了安東尼奧。

你選擇相信什麼，也許最終真會看見什麼。積極的心理暗示常常能給人帶來動力和勇氣，創造完全出乎意料的奇蹟。當你遇到困難時，不妨給自己打打氣，告訴自己「我很棒，我能做到」。

第三句話：我相信自己值得被愛。

在動畫電影《瑪麗和馬克思》（Mary and Max）中，瑪麗寫信向馬克思傾訴，她苦惱自己沒有朋友，也沒有人喜歡她。後來，瑪麗收到了馬克思寄來的餅乾，上面有這樣一句話：「愛人先愛己。（Love yourself first.）」告訴自己值得被愛，才有機會和可能發現更多的愛。

世間所有的愛都是以自己為中心而不斷擴大的，如果一個人連愛自己都做不到，那麼他也很難得到別人發自內心的愛和尊重。

從現在開始，每天鼓勵自己，用更積極的心態面對生活，生活自然會變得自在和鬆弛。

3. 底層自信：學會聚焦，修煉核心競爭力

在日新月異的時代，如果沒有安身立命的本領，就很難生存下去，而整天處於憂慮中。

鬆弛感的獲得，離不開增強自己的核心競爭力，自己的核心競爭力越強，可控的部分就越多，外在的表現就越鬆弛。

如何不被社會淘汰，如何掌握安身立命的本領，如何做到不可替代呢？比如醫生或律師。一個優秀的醫生或律師，擁有幾十年的工作經驗，達到了其他人無論怎麼努力都很難在短時間內超越的水準。他們累

積了數不清的案例，面對職場和生活中的難題時，閱歷和經驗會幫助他們來判斷和處理，進而從容地應對。

如何打造自己的核心競爭力呢？

首先，確定適合自己的競爭領域。

怎樣才能找出自己的優勢呢？有一個簡單又有效的辦法，即分別列出你最擅長做的事情、喜歡做的事情，以及職場或生活中需要的能力，然後找出這三個部分重疊的領域，那可能就是最適合你修煉核心競爭力的領域。

我有個朋友欣欣，她喜歡美食，每到一個地方必先打卡當地美食。她經常自己做一些新鮮又好吃的點心。她大學讀的是新聞傳媒系，讀書的時候就喜歡在社交平臺發布自己做美食的影片，收穫了很多網友的好評。近幾年，隨著自媒體的興起，欣欣果斷放棄了穩定的工作，選擇成為一名美食部落客，經營自己的自媒體平臺。

她既懂美食又懂媒體，把愛好和專業背景結合在一起，從而形成了自己獨一無二的核心競爭力。

其次，把有限的時間用在有意義的事情上。

人生的意義是什麼？每個人都會正式或者不正式地思考這個問題。往往不同的人對這個問題會給出不同的答案。很多人只有在覺得自己人生有意義的時候，才會產生愉悅和滿足；否則，就會陷入迷惘和無聊中。

《顛父人生》是一部講述父女親情的電影。影片中，父親和女兒依妮絲的一次對談給我留下了深刻的印象，也讓我瞭解到「意義」這個詞語的真正含義。女兒問父親：「人活著究竟有什麼意義？」父親回答說：「日常瑣事占據了我們生活中的大部分時間，一會做做這個，一會做做那個，而時間則像水一般流逝。人生也是如此。我們如何才能把握好生命的每一個瞬間呢？有時候，我會想起你小時候學騎腳踏車的情景，有時候我會想到在公車站找到你的那一天。遺憾的是，人總是後知後覺，身在其中時卻無法察覺。」

在生活和工作中，我們常常什麼都想抓住，覺得這件事一定要做，那件事也非做不可，卻忘記了自己擁有的不過是一具普普通通的肉體，沒有分身術，也不是機器人。如果事事投入全部的精力，最後可能一事無成。

在這個世界上，幾乎所有物品都有標價，唯獨時間沒有。一秒、一分、一小時，時間按照自己的節奏永不停歇地向前，無法購買也無法存留。因此，對於每個人來說，時間都是非常寶貴的。想要提升自己的核心競爭力，就要好好利用時間，把寶貴的時間用在真正重要的事情上。

在電腦還沒有普及的二十世紀初，有一道數學難關橫亙在科學家的面前——二的七十六次方減去一，其結果是質數嗎？很多科學家嘗試解出這道難題，但都徒勞無功。

一九〇三年十月，在美國紐約舉行的世界數學年會上，一位叫科爾（Frank Nelson Cole）的數學家成功地破解了這道難題，論證出最終的結果不是質數，而是合數。在接受採訪時，記者問科爾：「您花了多長時間論證這個課題？一個禮拜、一個月還是一年？」科爾微笑著搖搖頭，平靜地說：「都不是，三年內的每個星期天。」

當你堅定地知道自己要去哪裡、要做什麼，就不會因為路上的一些風景而動搖。在提升自己的道路上，每個人只有朝著正確的方向日復一日地努力，才能最終抵達理想的彼岸。

4. 刻意練習：找對方法，成為一個厲害的人

在大眾的認知裡，成功的因素似乎不外乎兩點：努力和天賦。有些人認為：只要努力做一件事，並且堅持到底，就一定能成功。還有些人把成功歸結為天賦：「哇，他會說這麼多種語言，真是有語言天賦」、「這孩子鋼琴彈得好，一定有過人的音樂天賦」……

然而，不得不揭露一個殘忍的事實，不是所有的努力都會有收穫。至於「有天賦的人可以毫不費力地成功，沒有天賦的人再努力也白費力氣」這種想法也暴露了一個危險的傾向——把優勢當成了捷徑。

莫札特三歲即顯露音樂才能，四歲從父學習鋼琴，五歲開始作曲，六歲開始漫遊歐洲的巡迴演出，短短的近三十六年人生創造了六百多部獨立的樂曲，擁有無人能比的音樂才華，他就像一個音樂魔法師，可以將接觸的所有事物都譜寫成迷人的旋律。因此，人們一直把莫札特當作曠世奇才，認為是天賦異稟造就了他如此高的藝術成就。

實際上，莫札特之所以能夠成為人們眼中的天才，離不開他父親的培養。莫札特的父親名叫李奧波德．莫札特，是當地知名的音樂家，出版過《提琴教學之根本探索》。在他還很小的時候，父親就開始對莫札特進行音樂教育，教他彈古鋼琴。父親還為他制訂有了系統的學習計畫，包括讀寫、歷史、地理、外語等。在父親的嚴格要求下，莫札特勤學苦練，才最終成為世界有名的音樂家。

可見，真正的成功離不開「刻意練習」。正如艾瑞克森在《刻意練習》裡所說：「夠長的練習時間和正確的練習方法足以把每個人從新手變成大師。」心理學上有一個重要的概念叫「心智表徵」。當我們的大腦進行思考的時候，無論想到的是人、事情，還是物品，都會有一個對應的心理結構，比如當我說到「房子」時，你的腦海中馬上會浮現一座樓房，有屋頂、門、牆、窗戶等等，這個形象就是你對房子的心智表徵。

任何一樣事物都有特定的心智表徵。對於新手和大師來說，他們的區別就在於面對同一事物時，心智表徵的水準和豐富程度不同。比如，一個完全不瞭解音樂的人，在聽到「古典音樂」、「流行音樂」、「爵士音樂」這些詞的時候，可能毫無頭緒，也不知道自己聽到的曲子到底是哪種音樂類型。他對音樂的心智表徵還處於比較基礎、簡單的階段。

但如果換作一個音樂家，當他聽到這些和音樂有關的詞語時，不但大腦裡會立刻想到對應的曲目，而且對這些音樂類型的特色也一清二楚。當他聽到一支曲子時，可以立刻判斷出它屬於什麼音樂類型。音樂家對音樂的心智表徵是複雜且高級的。

為什麼會有這樣的差別呢？並不是音樂家的大腦優於完全不瞭解音樂的人，而在於他花在研究音樂上的時間更多。如果一個人想成為音樂家，他勢必需要經過多年的訓練，對許多曲子都瞭然於胸。這就是刻意練習的作用。

不管是任何技能，唯有經過刻意練習，我們才能以鬆弛感的狀態展現出來。

關於刻意練習，有一個廣為流傳的規律，那就是「一萬小時定律」。意思是，只要在某個領域持續努力一萬小時，任何一個人都可以從新手變成大師。

成功並沒有這麼簡單。想把自己變成高手，光靠一萬小時的努力是不夠的，因為成功的關鍵不在於練習時間的長短，而在於訓練方法。如果方法不對，一小時又一小時的練習並不會有太大的作用。那麼，正確的方法是什麼呢？

◆一、樹立特定的目標

目標引導過程，沒有明確的目標，就沒有必要刻意練習。你需要想清楚自己的目標是什麼，比如是想學會一種樂器，還是想系統性地瞭解一門新的學科。

◆ 二、找到伸展區，跳出舒適區和恐慌區

根據心理學的定義，將人對外部世界的認知劃分成三個區域，即舒適區、伸展區（又稱學習區）和恐慌區。對於這三個區域，心理學家是這樣解釋的：舒適區是我們熟悉的、習慣的，待在這個區域中，我們的行為處於穩定的程度，心情也較為放鬆；在恐慌區中，我們的精神壓力過大，容易不安和焦慮；而伸展區裡則是我們以前接觸得比較少的事物，可能會有一點壓力，但可以承受，也不至於讓人焦慮。

如果一直待在舒適區，容易消磨人的鬥志，而待在恐慌區又會讓我們不適，只有伸展區可以讓我們得到充分的鍛鍊。只有在伸展區內刻意練習，人才會不斷進步。

三、要有及時且持續的回饋

「及時回饋」是練習過程中非常重要的一個方面。我們在練習時可以以旁觀者的角度觀察自己，復盤過程，肯定進步，改正錯誤，慢慢地就會形成一個良性循環。

四、在練習過程中保持專注

現代管理學大師彼得．杜拉克說過一句話：「我們多數人即使在同一時間內專心致志地做一件事，也不見得真能做好；如果想在同一時間內做兩件事，那就更不必談了。」

如果想把一件事情做好，我們必須制訂一個完整的計畫，然後持之以恆地按照計畫執行，這樣才能看到成果。只有將注意力集中在這一件事情上，我們才能看到自己的進步，進而越來越享受練習的過程。當你找對方法，透過持續的刻意練習使各方面的能力有所提升，你也會對自己越來越滿意。如此一來，鬆弛感還會遠嗎？

5. 放棄完美：完美主義一定程度上是一種自虐

完美主義傾向是鬆弛感最大的敵人，它讓人把目光局限在不完美的事情上。完美主義者總是認為自己不夠好，覺得自己能力不足、容貌不夠完美等等，可實際上在別人眼裡，他們並沒有自以為的那麼差。

我們每個人身上多多少少都存在一些完美主義的傾向，比如說：

- 過度在意細節。有的人身為領導者，常常把大部分的時間和精力放在員工身上，對員工交上來的每一份報告都會仔細查核。
- 對自己和他人都抱有不切實際的期待。有的家庭裡，夫妻之間會互相抱怨，妻子嫌棄丈夫沒有上進心、收入不高，丈夫則埋怨妻子不夠賢惠和體貼。

- 無論大事還是小事，都很難做出決策。有的人每天出門前都要花很長的時間來挑選衣服，就算終於出門了，也不太滿意身上的衣服。

當看到理想與現實的差距後，完美主義傾向就成了一把傷人的利器，讓人不知所措，無法放鬆地享受生活。說到完美主義，我想起了多年前看過的一部電影，名叫《黑天鵝》。娜塔莉・波曼飾演的女主角妮娜是一個芭蕾舞者。新一季《天鵝湖》挑選舞者時，妮娜被選拔為「天鵝皇后」的第一候選人。身為「天鵝皇后」，妮娜要一人分飾二角：既要扮演純真的白天鵝，還要扮演妖媚的黑天鵝。妮娜個性溫婉，演繹起白天鵝來無可挑剔，可是她始終無法完美詮釋黑天鵝。

為了成為最完美的「天鵝皇后」，妮娜不惜節食、酗酒，甚至放縱自己。然而，這一切為她帶來巨大的心理負擔，使她的精神出現了錯亂。在演出的當晚，走火入魔的妮娜最終奉獻了一場精彩的演出，但是也付出了沉重的代價——她陷入自己幻想的世界，用玻璃碎片刺傷了自己。

或許我們每個人的心裡都藏著一隻「黑天鵝」，有時候朋友的一句玩笑話、主管的一個眼神，都會影響我們的心態，讓我們不得不再三思量自己的言行。可是，完美是不存在的。越是追求完美，越無法接受自己的不完美，進而就越需要完美。在這個循環中，人也會越來越疲憊，進而透支著健康和生命的活力。

中國心理諮詢師武志紅老師曾說過一句話：世界是相反的。他認為，真實勝過完美，只有當我們願意接受真實，才會深刻地感知比完美更美好的東西。

我們可以透過一些方法來減輕自己的心理負擔，避免鑽入完美主義的牛角尖。

◆方法一：接納生活的不確定

生活中充滿了各式各樣的未知，由此為我們帶來了不確定感。對於完美主義者來說，不確定感會打亂既定的計畫，讓人處於迷惘和混亂的狀態。

然而，不確定感不一定是壞事。試想一下，如果看電影之前已經知道了結局，那還有什麼驚喜可言呢？所以，有時候不確定的狀況就像拆禮物一樣，會為我們帶來興奮的感覺。

從某種程度而言，生活是好是壞，與每個人的心態和行動有很大關係。接納生活的不確定，讓自己的心態變得平和，才能更好地掌控生活，面對未來做好準備。

◆方法二：降低心理預期

心理學上有個詞語叫「預期效應」，就是說期望的高低會影響人的心理狀態。可以透過簡單的公式來理解：喜悅＝現實－心理預期，失望＝心理預期－現實。人人都有心理預期，但對於完美主義者來說，過高的心理預期如同一條枷鎖，將他的大腦層層困住，難以掙脫出來。

追求完美本身並不是壞事，但是如果過於追求完美而讓自己承受過度的壓力，那只會令自己筋疲力盡。降低心理預期並不是要我們降低努力的標準，而是希望我們在做一件事情的過程中事先考慮可能產生的任何結果，甚至不成功的結果。這樣不論結果是什麼樣，我們都可以從容應對。請記住，承認現實是獲得幸福的鑰匙。

◆方法三：不要害怕試錯

錯誤不是沒有價值的，而是極佳的學習機會，能幫助我們找到正確的方向。人生就是一個不斷試錯的過程，如果我們在生活或工作中犯了錯，更好的做法是將錯誤資產化，即分析犯錯的原因並將錯誤記錄下來，把錯誤變成自己的資產，避免日後再犯類似的錯誤。

越較勁，越緊繃，當你擯棄了完美主義傾向，也就為自己的內心鬆了綁。電影《幸福雙贏》（Win Win）中有一句經典臺詞：「我們都做過蠢事，好消息是你又有了下一次機會。」不要讓完美成為你的束縛，不完美的開始也會迎來好的未來。

6. 接受失敗：以坦然的心境面對人生起伏

十一歲的安妮面臨著很多難題：她從小失去父母，在寄養家庭和孤兒院都沒有得到很好的照顧，受盡欺凌；由於中間人的過錯，她被送到了馬修和瑪莉拉的家裡，可是馬修和瑪莉拉原本是想收養一個小男孩。安妮與旁人都不一樣的一頭紅髮、平庸的長相、喋喋不休的個性，讓她總是遭到別人的嘲笑……

安妮身世淒涼、性格怪異，沒有一個真正的家，從某種程度上來說，這樣的她是「悲慘」的；可是，安妮並沒有因為苦難的際遇而沉淪，反而用自己的樂觀、熱情和勇敢融化了人們的敵意和偏見：她擁有了人生中的第一個好朋友戴安娜；在慈善晚會上，她的朗誦贏得了在場觀眾的滿堂喝彩；她以全鎮第一的成績考上女王學院，還獲得了獎學金；她得到了馬修和瑪莉拉的認可，終於有了自己的家。

這是《紅髮安妮》（又譯為《清秀佳人》）的故事。很多年前，當我第一次讀它的時候，就被安妮身上樂觀的精神和生命的活力深深地吸引了。這麼多年過去，我依然會不時地從書架裡抽出這本書，從安妮的身上獲取力量。而且，每當身邊有人因為失敗而變得沮喪的時候，我都會用安妮的故事鼓勵他。

對於大多數人來說，保持鬆弛感太難了，尤其是在遭遇失敗的時候。有的人在失敗面前越挫越勇，有的人因為失敗而變得懦弱、膽怯。具備鬆弛感的人，既能欣然接受成功，擁抱幸福；亦能坦然面對失敗，並且從失敗的廢墟中挖掘出閃閃發光的驚喜。

在喜劇電影《小太陽的願望》中，為了幫助小女孩奧莉弗實現當選美國小姐的夢想，全家人——誇誇其談卻一事無成的爸爸、對婚姻和生活感到絕望的媽媽、渴望成為飛行員的哥哥、髒話不離口的爺爺和失戀兼失業的舅舅，開著一輛租來的破車踏上了尋夢的旅程。結果在旅途中，爸爸得知自己的書無法出版，爺爺意外去世了，哥哥無意中發現自己是色盲而飛行員夢碎，奧莉弗儘管登上了選秀的舞臺卻被懲罰終身不得參加任何比賽……

這一家人都有自己的理想，卻事事都不順心，如果你是他們其中的任何一個，會怎麼面對這樣的人生？

在電影中，奧莉弗的舅舅說了一段話：「你知道馬塞爾．普魯斯特嗎？他是個法國作家，也是個徹徹底底的失敗者。他沒有做過一份正經、穩定的工作，愛情得不到回應。他花二十年的時間寫了一本書，卻幾乎沒人讀。然而，他或許是自莎士比亞之後最偉大的作家。當他在臨終前回顧往事時，那些痛苦的歲月是他一生中最好的時光，因為這些時光成就了他。」

爺爺的死亡讓這一家人明白，無論成功還是失敗，都是生活的一部分。他們開始試著敞開心扉，去瞭解天天見面卻無比陌生的家人。在電影的最後，一家人開著車歡快地疾馳在回家的路上。

「唯有強者值得接受他人的崇拜，弱者不值得同情。」這是典型的成功學思維，也是束縛現代人的思想枷鎖。可是，人生並不是只有成功和失敗這兩種結果。接受失敗，對於幫助我們理解人生的意義尤為重要。

荷莉．貝瑞是著名的演員，她曾經在二〇〇二年第七十四屆奧斯卡金像獎頒獎典禮上獲得了最佳女主角獎。然而，在二〇〇五年，她遭遇了人生的滑鐵盧。她主演的電影《貓女》票房慘淡，她也因此被評為金酸莓獎最差女主角。短短幾年，悲喜兩重天。

一般來說，很少有明星親自去領取金酸莓獎，但荷莉・貝瑞卻出席了當天的頒獎典禮，她還對在場的人說：「如果不能當一個好的輸家，就不可能成為好的贏家。」

我曾經看到過一句話：「向高時，記得謙卑；走低時，不卑不亢。」只要用正確的態度來面對，失敗也並非完全是壞事，我們或許能從中有所收穫——下一次面對類似狀況的從容和底氣，或者是更鬆弛的人生態度。

7. 持續學習：終身成長，才有面對挑戰的勇氣

傑出的心理學家卡蘿．德威克將人的思維分為兩種：僵固型思維和成長型思維。這兩種思維有什麼區別呢？

一般來說，我們常常會聽到擁有僵固型思維的人說「我不會」、「我沒做過」、「只能這樣了」，他們的思維往往僵化，過於在意他人的看法，並且常常因為他人的負面評價而陷入自我否定的狀態。

而擁有成長型思維的人表現為什麼樣子呢？他們會說「既然我改變不了環境，那就改變自己」、「我不知道，不過我可以學」、「這次

沒做好，下次改進」……這一種人勇於改變，樂於接受失敗和挑戰，善於從環境中吸取經驗，不斷地提升自己。

擁有成長型思維的人，能以發展的眼光來看待問題，幫助自己進行心理建設，讓自己從內而外鬆弛有度，然後專注於自己可以努力提升的地方。然而，人的一生很長，成長不可能是一瞬間或者短時間就能完成的，而是要付出一輩子的心力去實現的。如果我們想變得更聰明、更有勇氣，就需要從僵固型思維轉化為成長型思維。終身成長，應該是每個人的人生目標。只有終身成長，才有保持鬆弛感的底氣。

當我們還是學生的時候，學習是主要任務。一旦離開學校，很多人就失去了學習的動力，尤其是對工作繁忙的人來說，時間本來就不夠用，留給學習的就更少了。在如今這個時代，知識和訊息更新迭代的速度越來越快，寄望從學校獲取所有知識是不可能的。毫不誇張地說，一個人在校階段獲得的知識，大概只占他一生所需知識量的十分之一，我們必須保持終身成長的心態，不斷地學習。

一個踐行終身成長的人，無論處於人生的哪一個階段，都可以透過努力來改善自己，讓一切變得更好。

《小婦人》是家喻戶曉的文學經典。馬奇家有四個性格完全不同的女兒，其中二女兒喬的夢想是成為一名職業作家。為了實現自己的夢想，喬離開從小生活的村莊，隻身奔赴紐約。可是成為作家的夢想之路並不順利，被出版社一次次地否定之後，為了生計，喬不得不按照出版社的要求，寫自己不喜歡的文章。雖然吃盡了苦頭，但喬沒有就此放棄。後來，喬不但成了作家，還創辦了學校。

「認識你自己。」這是刻在希臘阿波羅神廟門口的一句神諭。喬清醒地知道自己想要什麼，並且堅定地追尋著夢想，她有勇氣為自己的人生負責。與此同時，生活也沒有辜負她，她在追尋夢想的過程中真正實現了自我的成長。

做到以下四步，任何人都可以擁有終身成長的能力。

◆第一步：覺察

僵固型思維是一塊絆腳石，想要讓自己的成長之路更順利，就要先搬走絆腳石。

我們可以每天在臨睡前回想一下生活和工作中發生的事情，想想自己在什麼情況下產生了「我不能」、「不可以」的想法。

◆第二步：接受

任何回饋都是學習和成長的一部分。當你覺察到自己的僵固型思維後，不必為此感到羞愧或者沮喪，而應該坦然接受自己的退縮和失敗。接著，在心裡默默地告訴自己：「雖然我暫時做不到，但下一次我會勇敢地嘗試。」

◆第三步：分析

接下來，你應該分析自己為什麼會產生僵固型思維，究竟是自己真的沒能力，還是僅僅是畏難的心思在作怪？只有搞清楚真正的原因，才能採取正確的行動來讓自己實現改變。

◆第四步：改變

如果是因為自己的能力不足而產生僵固型思維，那麼就給自己一段時間去學習，直到真正具備所需的能力。這樣如果再次碰到相同的事情，就能夠用比之前更好的思考和行為方式來處理。

一旦你從習慣於說「我不能」而轉變為說「我可以」，就意味著你已經擁有成長型思維。

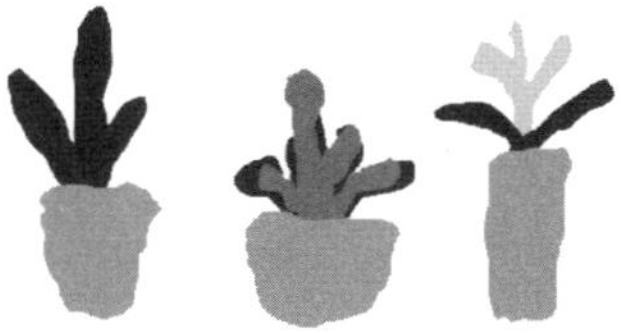

Chapter

2

穩定情緒：找到讓自己舒服的出路

鬆弛感是可以接受自己的負面情緒，
並以恰當的方式表達情緒。

1. 減少比較：不必與他人比較，人生沒有標準答案

在我們的一生中會面臨各種各樣的指標：嬰幼兒時，身高和體重是衡量我們成長程度的指標；在學校裡，考試成績是衡量我們學習效果的指標；工作後，職位和薪資是衡量我們工作能力的指標……正因為有了這些指標，每個人和身邊的人可以互為參照。與他人比較的念頭由此滋生，它一旦出現，就會像一個手段高明的小偷，在你毫無察覺的情況下，偷走你的快樂和幸福。

我有一個朋友，她有一份小有成就的事業，家庭也十分美滿，在旁

人眼中稱得上「人生勝利組」。然而，有一次我和她見面時，她卻神色黯淡，眉宇間似乎藏著憂愁。我問她是不是遇到了什麼煩心事。朋友告訴我，她不久前參加了一次同學聚會，看到幾個以前成績不如自己的同學現在都過得比自己好，她有點羨慕和失落，覺得自己很有挫敗感。和他人比較，把注意力都放在別人身上，反而看不到自己已經擁有的幸福。

為什麼別人能做到的，我卻做不到？為什麼別人能擁有的東西，我卻得不到？和別人比較，讓我們不由自主地妄自菲薄，甚至嫉妒別人的能力和成就。

你是否抓過螃蟹呢？當你把第一隻螃蟹丟進籃子裡後，一定要記得蓋上蓋子，否則牠會自己爬出來。但是如果你已經抓了好幾隻螃蟹，就沒必要蓋蓋子了，因為牠們是不可能爬出來的——當任何一隻螃蟹試圖往上爬時，其他的螃蟹都會用大鉗子夾它，再次把牠拖到籃子裡。這種現象在心理學上被稱為「螃蟹心理」，是社會上一種普遍的心態，如果我爬不上去，那我就拉住別人，讓別人也爬不上去。換句話說，就是見不得別人比自己好。如果一個人有螃蟹心態，他往往會表現出以下特徵：

- 容易看到別人的缺點
- 當別人分享成績時，以消極的態度來回應
- 將別人視為自己的對手，凡事要勝人一籌
- 缺少同理心，對他人的不幸漠不關心

在現實生活中，人的心理常常是複雜的。我們有時候是那隻想努力爬出籃子的「螃蟹」，有時候又是阻止別人往上爬的「螃蟹」。我們都想要證明自己，讓別人看到自己的能力，但是也害怕別人超越自己。總

是想著和別人比較，只會無止境地消耗自己的心力，打亂自己的人生節奏。將視線從別人身上轉移到自己身上，不和別人比，用鬆弛的心態生活，這才是更有智慧的活法。

在節目《朗讀者》中，教育家俞敏洪講述了自己的求學故事。他從小生活在農村，起初成績並不是那麼突出，考大學都失敗兩次了。第三次升學考之前，他看到母親為了自己去城市裡找補習老師而奔波的樣子，自此下定決心一定要考上大學，開啟了拚命讀書的模式，每天早上六點就開始讀書，直到晚上十二點還拿著手電筒看書。

俞敏洪終於成功拿到了北京大學的錄取通知書。可他沒有想到的是，大學生活並沒有他想像中那麼愉快。

入學後，俞敏洪發現自己和其他同學的差距：不會說普通話，英語聽力和口語都一塌糊塗，也沒有什麼文藝或體育專長，甚至別的同學讀的書都比自己多，俞敏洪覺得自己只能拚命讀書。然而，他的成績沒有達到最好的水準，身體卻先垮了。俞敏洪的大三是在醫院裡度過的，他因為過度勞累而感染了肺結核，被迫休學一年。躺在病床上的時候，他才終於想明白兩件事情：跟別人比沒有任何意義；進步是自己的事情，跟別人無關。病好之後，俞敏洪開始把注意力都放在自己身上，最後到了畢業的時候，他順利地留校任教。

每個人的人生都是獨特的，我們沒有必要和別人比較，做好自己，才是對自己負責。當你不再和別人比較的時候，才能真正發現自己的需求，做出適合自己的決定，實現自己的價值。

2. 減少焦慮：輕盈自在的外在，源自內心的從容

朋友莉莉告訴我，她太焦慮了：每次出門之前會反覆檢查背包，確認自己帶齊了所有物品；出門之後又會想家裡的門有沒有鎖好，電器的插頭有沒有拔掉。

除此之外，莉莉每天還擔心自己的生活和工作出現其他問題：

- 剛把做好的PPT寄給主管了，萬一他不喜歡這個版型的風格怎麼辦？
- 在社交平臺上看到小A換了新工作，公司的環境真不錯。為什

麼朋友都比我過得好？

- 體檢報告顯示有腫塊，我是不是得什麼病了？

你曾有和莉莉相似的焦慮嗎？在心理學上，焦慮被定義成一種不愉快的、令人煩惱的情緒。當人們感受到外界的刺激或者是內心的衝突的時候，焦慮就產生了。面對焦慮，人們常常會有兩種做法：

- 治標不治本：身體指數異常就辦張健身房會員卡，主管不滿意，就拚命加班……
- 逃避：假裝不在意，內心卻比誰都焦灼……

這兩種應對方法，要嘛收效甚微，要嘛適得其反，只會讓人陷入不斷填補焦慮的惡性循環。而在焦慮的影響下，我們很有可能會做出衝動的行為，無法實現生理上和心理上的鬆弛。

我曾經讀過一本名為《情緒》的書，其中記載了一項心理學研究：

為了治療患有蜘蛛恐懼症的人，研究人員採取了三種不同的辦法來嘗試消除受試者對蜘蛛的恐懼。

第一組受試者採取的是認知再評估法。研究人員讓受試者嘗試用一種不讓人感到害怕的方式來描述蜘蛛，比如「這隻蜘蛛很小，牠是安全的」。

第二組受試者採取的是轉移注意力法。研究人員讓受試者想一想其他和蜘蛛無關的事情，轉移他們的注意力。

第三組受試者採取的是直接描述的方法。研究人員讓他們對自己見到蜘蛛的感覺進行詳細的描述，比如「我眼前的這隻蜘蛛長得很醜，看到牠，我會覺得噁心和害怕」。

實驗結果表明，在這三種方法中，直接描述的方法是最有效的。它會安撫受試者的焦慮情緒，即使在實驗結束後的一個星期，受試者也能比較平靜地面對蜘蛛。

可見，面對焦慮是應對焦慮的良方。除此之外，當你被焦慮情緒困住的時候，還可以透過一些技巧讓自己放鬆下來。

◆深呼吸

深呼吸是緩解焦慮的重要方法，站立或坐著都可以，但要保持上身挺直。然後將一隻手放在胸口，另一隻手放在腹部；採用腹式呼吸法，用鼻子深吸一口氣，直到放在腹部的手比放在胸口的手高，用嘴巴呼氣。

每做一次深呼吸，時長為八～十秒。可以根據自己的需要重複進行，直到心情平復。

想像讓自己放鬆的場景

當焦慮來襲的時候，你可以先做幾次深呼吸，讓自己平靜下來，然後想像一個可以讓你感到輕鬆愉快的地方，那裡有一切你想要的東西。比如可以想像一個周圍滿是花草的小院子，你躺在樹下的躺椅上，懷裡臥著一隻毛茸茸的小貓，邊撫摸小貓邊享受溫暖的陽光。在這個場景中停留五～十分鐘，直到自己放鬆為止。

放下手機

不停地滑手機會讓大腦接收太多不必要的訊息，這種行為無疑是在為自己製造焦慮。適時放下手機吧，讓思緒徹底放空，焦慮情緒也會煙消雲散。

3. 減少壓力：讓自己的心靈保留一點彈性

仔細想想，每個人的生活中幾乎無時無刻不存在壓力：學校裡，有考試或升學的壓力；職場上，有工作或人際交往的壓力；家庭中，有處理家事或育兒等壓力。想要完全逃離這些壓力是不可能的。

然而，有些壓力是必要的，比如當工作中需要和某個重要的客戶談判時，一定會感受到極大的壓力，因為這次談判的結果不僅關係到公司的業績，也會對個人的職業發展產生重要影響。可是也多虧了這份壓力，使自己提前做足了功課，最後不僅達到了預期的目的，也提升了工作能力，讓自己獲得了成長。這樣的壓力屬於良性壓力，是人生必不可少的刺激，會幫助我們成為一個更好的人。但是相反的，如果累積了太多的壓力而不懂得緩解和釋放，則不利於身心健康。

人的心理應像彈簧一樣，即使承受了壓力，也可以復原，這就是心理學上說的「心理彈性」。一個具有鬆弛感的人，內心是保有彈性的，是壓不垮、打不倒的。

說到這裡，我想起了被席慕蓉稱為「詩魂」的葉嘉瑩。她一生致力於古詩詞研究，獲得了「感動中國二〇二〇年度人物」的榮譽。在頒獎盛典上，關於葉嘉瑩的頒獎詞裡有這樣一句話：「你是詩詞的女兒，你是風雅的先生。」這個一生沉浸在詩意中的人，人生過得卻並不詩意。

葉嘉瑩讀國中的時候，隨著戰爭的爆發，她的家庭接連遭遇變故——父親失聯、母親因病去世。身為家中長女，葉嘉瑩沒有就此沉綸，而是肩負起照顧兩個弟弟的責任，並且繼續著自己的學業。進入婚姻後，丈夫因為犯錯被捕入獄，葉嘉瑩不得不獨自照顧女兒。到了晚年，原本以為可以享受天倫之樂了，沒想到命運又給葉嘉瑩帶來一記重擊——她的大女兒、女婿被車禍奪走了生命。

「平生幾度有顏開，風雨逼人一世來。」這是葉嘉瑩喪女後寫下的一句詩，可以說，她的一生都在苦水裡浸泡著。可是，面對生活的種種變故，葉嘉瑩始終預留了足夠的彈性空間去容納，她把所有的經歷變成閱歷，讓自己的生命越來越豐盈。

人是慣性動物，情緒、意志和行為都可以透過訓練來獲得或增強，心理彈性也是如此。我們可以透過以下幾個方面來增強自己的心理彈性。

◆積極看待壓力

不要將壓力看作對自己的威脅，而應該將其視為挑戰。用「我能夠應付」、「堅持一下就過去了」、「慢慢來」等語言給自己積極的心理暗示，這樣可以發揮緩解壓力的作用，令我們更加主動地面對它。

◆找到選項B

雪柔．桑德伯格在《擁抱B選項》一書中提到：丈夫去世後，桑德伯格一度陷入悲傷的情緒中。有一次，孩子的學校舉辦親子活動，需要父母共同參加。她跟朋友菲爾哭訴，表示只想要丈夫來參加。朋友菲爾告訴她，既然選項A已經不存在了，那就只能考慮選項B。

要為自己的人生準備選項B，當壓力來臨時，放棄不能選擇的，選擇可以選擇的。

◆允許自己求助

允許自己向他人求助，也可以達到緩解壓力的效果。當你覺得壓力過大時，及時向朋友或親人傾訴，或許可以從他們那裡獲取解決的辦法。

◆有規律地運動

堅持運動可以促進人的大腦分泌腦內啡，提高抗壓能力。腦內啡是一種對我們有益的物質，可以帶來快樂的感覺。

4. 學會接納：允許一切發生，歲月自有饋贈

一個情緒核心穩定的人，一個能夠接納自我的人，接納生活中發生的一切。

當我們在生活中遭遇不順的時候，如果總是認為它不該發生，就容易陷入糾結的境地；但如果轉個念頭，把它當作人生的一種經歷，就容易接受了。

面對不順利的事情，比如考試不及格、被主管批評……難免會懊惱，「早知道就不應該那樣」、「如果當時那樣做就好了」。可惜的

是，事情已經發生了，說再多都於事無補。「世界以痛吻我，我卻報之以歌」，既然我們沒有辦法改變已經發生的事情，那就接納它吧。

是的，「接納」，當你真正發自內心地去接納，就會打開一個新的、充滿其他可能性的世界。

《美麗境界》是我時常重溫的一部電影。在數學家約翰・納許的世界裡，一切都可以用數學公式和數學推理來解釋。然而，這樣一位天才卻患有思覺失調。

整部影片最觸動我的是，為了擺脫藥物帶來的副作用，納許決定停藥，他開始接受自己是思覺失調患者的事實，與自己幻想出來的人和平相處。故事最後，納許已經能夠分辨真實與幻覺的區別，坦然地帶著幻覺生活。

當改變很難時，接納不失為解決問題的好方法。

在這個世界上，幾乎沒有完美的人或者物。學會接納，最主要的是懂得接納自己的缺點，這樣我們才能獲得快樂和幸福。

我看過一部關於畫家黃美廉的短片。由於出生的時候缺氧，導致腦部神經受到了損害，黃美廉從小就無法開口說話。而且她的四肢肌肉也失去了正常的作用，身體無法保持平衡。

一般孩子到一歲多就開始學走路了，可是黃美廉還無法坐起來，只能像一個肉團癱坐在那裡。五歲的時候，黃美廉花了整整一年的時間，才學會了握筆。

上學的時候，因為自己的樣子，黃美廉遭到了同學的嘲笑。她在晚上睡覺前哭著許願，希望第二天醒來自己就能變成正常人的模樣。可惜，這樣的奇蹟是不可能發生的。黃美廉傷心了一陣子。

直到在學校的牆上看到一句話——「要改變環境，要面對環境」，黃美廉似乎從中找到生命的答案。從那一天開始，她變得不一樣了。她開始比別人花更多的時間讀書，努力實現成為畫家的夢想。多年以後，黃美廉取得了藝術學博士學位。

成名後的黃美廉去國中演講，臺下的學生問她：「您從小就長成這個樣子，您會認為老天不公嗎？」這個問題很尖銳，可黃美廉的臉上沒有任何不愉悅的神情，她微微一笑，以筆代嘴，在黑板上寫出自己的回答：「我只看我所擁有的，而不看我所沒有的。」

假如我們總是將視線聚焦於自己的缺點和不順的事情，只會陷入無窮無盡的煩惱。當眼前的大門關上了，你還可以去尋找窗。允許一切發生，歲月自有饋贈。

5. 學會拒絕：擁有說「不」的勇氣

《人間失格》的主角葉藏說：「我的不幸，恰恰在於我缺乏拒絕的能力。我害怕一旦拒絕別人，便會在彼此心裡留下難以癒合的裂痕。」

當一個人不忍心拒絕他人的時候，他更多是在為別人考慮，這是一種善意，但不合理的請求是在過度消費善意。很多時候，我們不需要為他人負責，而應該把自己放在第一位。學會說「不」，你的人生才會輕鬆。

在現實生活中，我常常遇到一些不合理的請求。對我來說，拒絕別人並不難，只要是觸及我的底線和原則的事情，我都可以果斷地說「不」。當我對別人不合理的要求說「不」的時候，我感覺到了輕鬆。

然而，不是人人都能像我這樣乾脆地說「不」。在東方的人情社會中，對有的人來說，拒絕是一件難事。對於不好意思拒絕別人的人，哪怕是不合理的請求，他們也會應承下來。問題出在哪裡呢？原因在於他們沒有堅定維護個人的邊界。

簡單地理解，個人邊界就是我們常說的「底線」或者「原則」。每個人都有一塊完全由自己說了算的「領土」，包括身體、情緒及心理等方面，一旦別人越過了邊界，我們就會感覺到自己受到了侵犯，進而產生負面情緒。

那麼，如何才能維護自己的邊界感，學會坦然地拒絕呢？

一、確定自己不能接受的事情，用平和的語氣表明意願

你可以仔細地回想一下，在平常的生活和工作中，什麼事情會讓你感覺不安、拘謹甚至生氣，那就是你不能接受的事情，把它們一一列舉出來。

和別人交往的時候，及時表明自己的原則，讓他們知道哪些事情是你能接受的、哪些是你不能接受的，這樣他人就不會因為那些你不能接受的事情來麻煩你。

二、嘗試堅定地拒絕，不要讓自己為難

遇到你不願意或者無法做到的事情時，直接表達拒絕，避免使用

「再說吧」、「我想想」等模糊和搪塞的語言，因為這樣只會讓對方誤以為還有希望，反而耽誤他尋找真正可以提供幫助的人。

當別人對你提出要求時，其實他的心裡已經預期了兩種答案——Yes 或 No。無論你給的是哪一個答案，都在他的意料之中。所以，以平常心對待自己拒絕對方的行為，不要被所謂的道德綁架。

三、態度委婉，適當解釋自己拒絕的理由

拒絕別人的時候，你可以解釋一下原因，只要是合情合理的，對方一般都能接受。如果不希望語氣聽起來過於強硬，可以在表達拒絕之後加上一句：「我很理解你，但很抱歉，我真的沒有辦法答應。」

每個人都應該重視個人邊界，勇敢地說「不」！只有這樣，才能

更加充分地瞭解自己的邊界，才能不矛盾地做出一些選擇和決定，鬆弛地面對自己和他人。

6. 學會消解：表達情緒，而不是情緒化表達

鬆弛感不同於鈍感力，鈍感力是練習不產生負面情緒的能力，而鬆弛感是可以接受自己的負面情緒，並以恰當的方式表達自己的情緒。

很多人習慣了情緒化表達，而不是表達情緒。我們總想用摔東西、摔門、吼叫等情緒化表達來壓制、懲罰別人，但是這種方式不一定能帶來積極的效果，且不僅不能懲罰到別人，反而會加重自己的負面情緒。

人們常見的情緒化表達主要有兩種：一種是透過語言直接說出來，比如當你高興的時候會說「太好笑了」、「真開心」，生氣的時候會喊

「我討厭你」、「走開」等等；還有一種是透過表情、聲調、眼神、動作等非語言的方式間接地表現出來，比如有的人生氣的時候會皺緊眉頭、怒目圓睜，即使他一句話也不說，別人也能夠清楚地感受到他的憤怒。

而表達情緒不是一件容易的事情，這一點我深有感觸，不會正確地表達情緒不僅會傷害身邊的人，也會傷害自己。

表達情緒就是用語言表達出自己真實的感受。這樣做除了可以表達自己的觀點，還可以將負面情緒釋放，人也就鬆弛下來了。

很多時候，人與人吵架都是想爭個輸贏，除非一方放棄或主動讓步，否則爭吵就沒完沒了。但是如果我們將問題直接說出來，這樣原本對立的雙方就能從互相指責中抽離出來，從敵對關係變成合作關係，以解決問題為共同目標，矛盾很快就消失了。

怎麼樣才能做到表達情緒，而不是情緒化表達呢？

不要衝動，先讓自己冷靜下來

我們常說，先處理心情再處理事情。當情緒產生後，如果你能在心中數到十，讓自己先冷靜一下再來表達，就會避免很多不必要的麻煩。

就事論事是關鍵

如果表達的情緒符合發生的事實，那麼大多數人是能夠接受的。如果不是實事求是地表達，很可能引起爭執，產生新的不良情緒反應。

比如，如果因為工作上的事情產生某些不良情緒，需要向主管或者

同事說明情況時，一定要注意客觀描述，避免發牢騷。此外，還需要說明導致不良情緒的緣由，

讓對方能夠理解情緒和事件之間的因果關係，以便更好地解決問題。

◆表達≠指責，將「你」換成「我」

很多人吵架的時候，常常會以「你」開頭，比如「你真自私」、「你總是讓我失望」等，這些話都帶有指責的意味，會讓對方產生對立的情緒。

表達情緒是以「我」為主語，如實描述自己此時的感受，比如「我很生氣」、「我感到難過」等。這樣的語言攻擊性比較弱，容易激發對

方的同理心，從而更願意理解你，也容易進行良性溝通。

7. 療癒內在小孩：讓自己二次成長

一個人無論獨處還是與他人相處時感到鬆弛，都源自內在的安全感。那麼，這種內在的安全感是怎麼產生的？——這與我們的「內在小孩」息息相關。

內在小孩，是自我的一部分，代表著我們對於童年創傷的記憶。隨著時間的流逝，我們可能無法清晰地回憶起童年或人生早期發生的事情，但其實它們藏在我們的潛意識中，影響著我們的一舉一動。

你有沒有過這樣的經歷：當你遭到別人的質疑或批判時，很容易變得激動或者憤怒；當你身處一個陌生的環境，周圍全是不認識的人時，會感到緊張或者焦慮；當你打電話給朋友，對方不接，而且也沒有及時回電給你時，你會心懷不滿或感到慌亂……事實上，這些情緒化的表現都是「內在小孩」在發出呼救。

一行禪師曾在一本書中寫道：「很多人的心裡都住著一個受傷的孩子，這些傷痕可能來自父母。他們也許在童年曾受過創傷，由於不知如何治療，只能將傷痛傳給我們。如果我們不知如何轉化與治療內心的傷痕，也可能繼續將它傳給孩子、孫子。所以，我們必須回到內心那個受傷的孩子身邊，幫助他從傷痛中痊癒。」

所以，想要擺脫情緒波動的困擾，活得有鬆弛感，療癒「內在小孩」就是一個契機。具體上該怎麼做呢？

首先，承認「內在小孩」的存在。

人的心靈猶如頭頂的星空，浩瀚且神祕，充滿了未知。人在面對未知時容易不安和恐懼，因此在面對由「內在小孩」所引起的各種情緒時，我們不知道到底該怎麼做才能讓心靈回歸平靜。

「看見」是療癒的第一步，只有承認了「內在小孩」的存在，才能進行下一步的安撫工作。

其次，傾聽「內在小孩」的聲音，為「他」平反。

正視自己在童年或早期受到的傷害，試著安撫那個在內心的角落裡默默哭泣的小孩：「儘管我現在面臨的有些問題是因你而產生的，但這一切不是你的錯，也不是我的錯。」

可以將創傷經歷講給信任的人聽，這是疏導情緒的方法之一。

再次，自我引導，陪「內在小孩」一起長大。

表面的接納只是緣木求魚，想要真的療癒「內在小孩」，就要和

「他」一起成長。

可以定期回顧過往，照看自己心中的「內在小孩」，告訴「他」：「別怕，有我在，我會一直陪著你。」用這種自我對話的方式，讓「內在小孩」感受到足夠的關注與愛，「他」就會慢慢強大起來，不再糾結於過去的創傷和痛苦。

當你和「內在小孩」都越來越成熟，就會發現，身心也進入了比以前更為放鬆的狀態。

Chapter

3

輕鬆生活：太用力的人生走不遠

人生需要適當做減法，
減去不必要的，才能獲得更多的時間和空間。

1.
斷捨離：將加法人生改為減法人生

你是否聽說過「狄德羅效應」呢？它是被一個哲學家發現並提出的。

德尼．狄德羅是法國著名的哲學家。有一天，狄德羅收到朋友送來的禮物，是一件華貴且精美的睡袍。狄德羅很喜歡這件睡袍，當天就穿在身上，可是，他發現此時的自己與整個家格格不入——不僅顏色不協調，而且家具和其他物品都不夠高級。為了讓整個家看起來與睡袍更搭，狄德羅更換了的舊家具。然而，當他站在煥然一新的家裡時，卻感到不像以往那樣舒適和放鬆，因為他意識到，「自己竟然被一件睡袍脅迫了」！

這種現象在我們的生活中也十分常見。人們往往不滿足擁有一件新物品，而是會不斷地添置與其相配的物品，以達到心理上的平衡。

在生活中，多數人都習慣努力做加法——交更多的朋友、住更大的房子、賺更多的金錢……無止境的慾望只會令我們身心疲憊。就像一名登山者，一心想登上頂峰，可是身上背負了沉重的背包，哪裡有心思好好欣賞沿途的風景？

人生需要適當做減法，減少不是損失，只有減去不必要的，我們才能獲得更多的時間和空間。

◆為物品做減法

這個時代有許許多多讓人心動的物品，有些物品看起來很方便，有些物品看似會讓我們變得時尚。但是我們在擁有物品的同時，物品也占據了我們的內心和空間，生活不可能變得舒適。

在《北歐式的自由生活提案》中，作者本田直之這樣寫道：「在一個萬物俱備、什麼都不缺的年代，占有物質很難再刺激我們的感官，讓我們獲得長久的滿足。在新時代，比起金錢和物質，更重要的是精神層面的充實感。從實物中獲得的滿足感只能持續很短的時間，但是我們寶貴的經歷以及從中獲得的知識，將永久入駐我們的生命。如果一個人清楚知道對自己來說什麼是最重要的，就可以乾淨俐落地砍掉那些生活中不需要的東西。與其說是『化繁為簡』，不如說是『刻意放手』更為貼切。」

放棄那些不必要的物品，留下自己真正需要的，不但可以讓自己所處的環境更加整潔、有條理，還能獲得生活品質的提升，這才是對自己真正的體貼與關懷。

◆為感情做減法

我們不僅要為物品做減法，還要為感情做減法。有時候，感情上的牽絆會讓人不願意丟棄早已無用的物品。

此外，為感情做減法，還要學會拒絕有害的關係。有的人平時性情和善，在公開場合發表自己的觀點時可以侃侃而談，大方又得體，卻拒絕參加集體活動，比起和朋友聚餐，他們更喜歡獨處。因為他們知道，不必要的人際關係是對自己的消耗，只有珍惜自己的時間和精力，才不會讓複雜的關係網將生活攪成碎片。

正如一句話所說，「成長是做加法，成熟是做減法」。去掉所有的干擾之後，我們就可以收穫最輕鬆的自己。

2. 不糾結：不要過分追求，力所能及就好

很多人內心常常彆扭、糾結，令自己不斷陷入精神內耗的狀態，自然也就無法獲得鬆弛感。

在朋友當中，欣然是我最佩服的一個人，因為她從來不糾結。外出吃飯時，她會直接從不需要排隊的餐廳中挑出評分最高的，免去候位的煩惱。

前一週剛剛慶祝了她升職，接著就聽到了她跳槽的消息。我不解地問她：「為什麼剛升職就跳槽呢？放棄了多可惜啊！」她說：「為什

麼不呢？我在現在的公司已經沒有上升空間，也不會有新的成長。新公司是新興的行業，公司的發展方向也很清晰，前景很好。有這麼好的機會，我當然要抓住啊！」

就連結婚，她也選擇了閃婚。她在一次朋友聚會上認識了現在的老公，一見傾心，當即決定主動出擊。朋友都勸她謹慎一點，她說：「我和他從家庭聊到事業，從婚姻聊到人生，三觀合拍、愛好相似，我確定，再也沒有比他更合適我的人了！」

在旁人眼中，欣然無疑是拿到了第一女主角的劇本，雷厲風行、屢戰屢勝。在她自己看來，一切得益於她從不糾結的個性，敢想敢做，哪怕失敗了也能坦然接受，大不了從頭再來嘛。她說：「在所有解決問題的方案中，糾結是最無效的那一種，沒有之一。」人為什麼會糾結呢？人糾結時就像大腦中有兩個對立的小人在打架，其中一個小人手持長矛，鼓動我們大膽地往前衝：「快，去做吧！」另一個小人則拿著一面盾牌擋在前面，拚命地把我們往後拉扯：「再等等，萬一做不好呢？」

這種「萬一做不好」的想法，可能是擔心「我做不好這件事」，也可能是擔心「我不夠好」。前一種擔心能夠很自然地促使我們更全面地去看待問題，找到最合適的解決辦法；而後一種擔心則沒有什麼益處，它是一種自我懷疑和否定，容易讓人焦慮，甚至恐懼。如果我們對自己持懷疑的態度，就會遲遲無法做出決定。一旦我們接納自我懷疑，同時又充分覺知內在的渴望，便能跨出改變的那一步。

前一陣子，嘉悅向主管提出了離職，這已經是她第三次提離職了。最後這次提離職之前，嘉悅來找我，詢問我的看法。

我說：「抉擇是為了遇見更好的自己，如果你確定離職之後會更好，那就果斷點。」

嘉悅感覺自己進退兩難，說：「說實話，現在公司的待遇不錯。但是我長久地在這個圈子裡待著，就像井底的青蛙，我怕出去之後找不到比現在更好的工作……」

不安的情緒左右著嘉悅的決定。我告訴她，「在所有解決問題的方案中，糾結是最無效的那一種，沒有之一」，並且要她想清楚自己是要待在舒適區還是伸展區。

沒過多久，嘉悅就離開了這家公司，並且找到了新的工作。從電話裡，我聽出她的心情很輕鬆。

所有在原地等待兔子的人，只是在白白地蹉跎歲月，消耗自己的青春。用行動改變自己，才能離自己期待的未來越來越近。

糾結不完全是壞事，這代表我們想把事情做好。可是在生活中，大多數人處理事情時往往懷著一種信念：不能犯錯，不能比別人差。明白這一點後，我們就會發現，其實想要不糾結，最重要的是放下競爭和比較的心態，做好就可以，不必強求最好。

追求「最好」的人就像一隻永遠無法停止飛翔的鳥，總是嚮往飛向更高更遠的地方。

對於大多數人來說，接受自己的普通，才是對生活最大的誠意。

母親總喜歡對我講她過去的經歷。有一次她告訴我，她兒時的夢想是成為畫家，可惜當年考大學的時候沒有考上心儀的美術院校。而家裡的條件沒有辦法支持她一直畫畫，於是她後來選擇了師範大學，為了畢業之後可以盡快參加工作，補貼家用。

我問母親：「沒有實現夢想，您不覺得可惜嗎？」她笑了笑，說：「努力過了就不會覺得可惜。再說，成為一個普通人也沒什麼不好。」

雖然母親認為她自己很普通，但在我眼中，她是一個撐起家庭的英雄。從她身上我也明白了，凡事盡力而為，不必過度追求，做一個知足常樂的滿足者也滿好。

其實在這個世界上，普通人占大多數，只有極少一部分人能成大事。挑不動五十公斤的擔子，那就選擇四十公斤的，量力而行，這才是屬於我們的鬆弛且快樂的人生。

3. 要留白：不要害怕浪費時間，什麼都不做也可以

在現在這個時代，快節奏成了最顯著的特徵。我們的生活彷彿被按下了快轉鍵，做任何事情都希望更有效率。「永不停息地奮鬥」似乎成了主流的人生目標，如果一個人不把時間用來做「正事」，他的內心就會惶恐不安，感覺荒廢了人生。

然而，過度自律在一定程度上會壓制人的慾望，如果高度自律，慾望被壓制得太厲害，反而會導致精神緊繃。

羅馬時期，斯多葛學派主張，人若不好好工作，不可能擁有美好的

生活。幾乎每個古文明都肯定工作與休息是美好人生的必要條件，兩者缺一不可：一個是生存的手段，一個賦予生活意義。而今，我們離這種智慧越來越遠，因此生活越來越貧乏。

米蘭・昆德拉在《慢》這本書中感嘆道：「慢的樂趣怎麼失傳了呢？啊，古時候閒蕩的人到哪裡去啦？民歌小調中的遊手好閒的英雄，這些漫遊各地磨坊、在露天過夜的流浪漢，都到哪裡去啦？他們隨著鄉間小道、草原、林間空地和大自然一起消失了嗎？」

每天留出時間讓自己放鬆下來，學會享受閒暇，你才會感覺精力更充沛、精神更飽滿。古希臘人認為休息是天賜的禮物，代表最高境界的文明生活。學會休息，為生活留白，不但是一種心態，更是一種技巧。偷得浮生半日閒，會帶來很多我們意想不到的好處。

◆偶爾虛度時光，可以減輕壓力

耶基斯－多德森定律[2]告訴我們，動機不足或太強，往往會產生負面效果，而適當地放鬆則會收穫意想不到的驚喜。

「我想和你虛度時光，比如低頭看魚／比如把茶杯留在桌子上，離開／浪費它們好看的陰影／我還想連落日一起浪費，比如散步／一直消磨到星光滿天……」這是現代詩人李元勝在《我想和你虛度時光》中寫到的詩句，詩中這些做法看似「虛度時光」，其實都能幫助我們緩解壓力，為我們帶來精神上的慰藉。

2 由心理學家羅伯特．耶基斯（Robert M. Yerkes）和約翰．迪靈漢．多德森（John Dillingham Dodson）於一九〇八年提出。說明在一定範圍內，動機強烈程度和表現好壞呈正比，但當動機強度太高，表現反而會下降。

放鬆會帶來靈感

每個人可能都有類似的經驗：白天盯著一個問題苦思冥想也毫無頭緒，晚上邊洗澡邊哼著歌的時候卻突然有了眉目。

很多情況下，當人放鬆的時候，創意往往就產生了，也就是我們所說的「靈光一閃」。尤其是很多需要創意的行業，瘋狂的頭腦風暴不一定能碰撞出一個好點子，偶爾轉移一下注意力，靈感或許就在不經意間悄悄地潛入了我們的大腦中。

享受閒暇，也是一種自我關懷

有的人為了把工作完成得更好，會主動或者被動地捨棄休閒的時間，這樣做看似會帶來更多的價值，但卻忽略了可能對精神上帶來的損害。

片刻的閒暇時光讓我們與工作和生活中的瑣碎之事隔離，讓我們有機會傾聽自己內心的真實需求，不至於在忙忙碌碌中迷失了自我。「當布穀鳥在橡樹的濃蔭中歌唱，春天出行的人們不由得心花怒放。」試試看吧，關掉手機，為自己打造一個理想的週末清晨，沒有接踵而至的訊息，沒有需要及時回覆的客戶信件，邁著不疾不徐的步子，在幽靜的樹林裡溫習那些快要被遺忘的草木的名字。

偶爾虛度一下時光，讓自己舒展內心。這不是反對努力，而是為了在暫停的時間裡獲取更多的能量，從而更好地走向遠方。

4. 儀式感：學會慶祝平凡日子裡的美好

幾年前，韓國拍過一支廣告短片，名為《三十天的約定》。短片的情節很簡單，一對夫妻被婚後瑣碎的生活消磨了激情，不再像婚前那般熱烈而頻繁地表達對對方的愛。丈夫不堪忍受，提出了離婚。面對丈夫的提議，妻子沒有立刻答應，她想了一夜，第二天早上對丈夫提出了一些要求。

妻子希望丈夫在接下來的一個月內完成她要求做到的一些事情，如果做到了就在離婚協議書上簽字。丈夫雖然不理解妻子的意圖，但還是答應了。他想：「反正三十天後，一切就結束了。」

接下來的三十天，妻子每天都對丈夫提出了相同的要求：抱她、親她、和她牽手、對她說「我愛你」。第一天，丈夫表現得有些扭捏，他去牽妻子的手時就像是觸了電，一碰到就縮了回來。不過，隨著時間的流逝，兩個人之間的親暱互動越來越自然。

期限到了，兩個人已經找回了之前忽略的關心。他們這才發現，原來不是沒有愛了，而是缺少了生活的儀式感。當人對生活中的一切都習以為常之後，就容易失去感知珍貴的能力。

我和在英國旅居的朋友聊天，她笑言：「大概沒有比英國人更注重儀式感的了。來這裡幾年，學了一身慶祝的本領。」

她告訴我，如果兒子哪一天在幼兒園得到了老師的獎勵，即使是一個口頭稱讚，她也會花心思做一些兒子愛吃的東西，在圓盤上擺出漂亮的形狀，並且在圓盤中間放一根彩色蠟燭。她會像舉辦生日派對一樣，關上燈，點上蠟燭，隆重地慶祝兒子取得的小成績，而這些美好的時刻也會用攝影機記錄下來。

我問她：「那你喜歡這種儀式感嗎？」她說：「剛開始有點不習慣，但是慢慢就接受了。我現在覺得，正是那些看似無用的細節，讓我感受到了生活的趣味，成了熱愛生活的浪漫主義者。」

什麼是儀式感？小王子問過狐狸這個問題。狐狸是這樣回答他的：「它會使某一天與其他的日子有區別，使某個時刻與其他時刻不同。」

對於「儀式」，加州大學柏克萊分校的心理學教授達契爾・克特納給出了這樣的解釋：「透過有意義的方式與他人相處，找到能整理生活的儀式。研究表示，這會增加一個人的幸福感，帶來更多的快樂，甚至能讓人的壽命延長十年。深刻的連結以及融入社群的感覺，能夠降低與壓力相關的皮質醇指數。這種連結的感覺能活化大腦中有關獎勵和安全的迴路；它們能活化神經系統中某個被稱為迷走神經的區域，該區域會減慢我們的心血管系統衰老並讓我們向他人敞開心扉；它們還能導致催產素的釋放，催產素是一種促進合作、信任和慷慨的神經化學物質……」

如此看來，小小的儀式中的確蘊藏著不可忽視的力量。在諾貝爾獎頒獎典禮上，智利詩人聶魯達發表了精彩的演說：「……我們能夠笨拙地跳舞，憂傷地唱歌——這舞或這歌，完美地展現了人類有意識以來最古老的儀式，表達了人類的良知和對共同命運的信念……」

作為一種象徵手段，儀式讓過去與現在、人與人、人與社會之間建立了連結。不論是婚禮、生日派對、擁抱，還是買一束小花、睡前互道一聲「晚安」，或大或小的儀式，使看不見的浪漫與愛變成了可見的行為或物品，讓瑣碎的日常變成了充滿感動的細水長流，為平淡的生活賦予了不平凡的意義。置身這樣的氛圍，自然就能擁有鬆弛感。

把生活過成詩是無數人的理想。然而大多數人認為，只有賺夠了錢，才有底氣去追求這種理想的生活。可是，錢能影響生活，卻不能決定生活的樣子。

認真地準備早餐、化個精緻的妝容、臨睡前讀一則童話給孩子聽、在結婚紀念日送一束綻放的玫瑰給愛人、逢年過節為親人和朋友用心地準備一封祝福簡訊或者打個電話……一個小小的儀式，就能閃爍出如詩般美好的光芒，照亮我們的人生。

別嫌麻煩，試著在生活或工作中增加一些儀式感吧。

5. 保持熱愛：喜歡的事持續做，討厭的事讓它變簡單

沒看《撒哈拉歲月》之前，我以為沙漠的生活是枯燥的、無聊的。看了之後我才知道，沙漠中的生活充滿了浪漫和樂趣：沙漠裡發現的駱駝頭骨可以是最獨特的結婚禮物；一把香菜就讓草編的闊邊帽子成了別具田園風味的禮帽；沒有車，那就穿過漫漫的黃沙，徒步走到領結婚證書的地方，順便還能欣賞沙漠的美景……

三毛和荷西真的是一對靈魂伴侶，當三毛說想去撒哈拉的時候，荷

西二話不說就先找了那邊的工作，隨後三毛也跟著過去了。大概是因為他們都心懷熱愛吧，無論經歷多麼曲折，無論生活多麼窘迫，也沒有被磨滅初心，依然讓生活充滿了愛和溫暖。

熱愛是生活最好的調劑，它能讓人產生內在動力，既享受做事的樂趣，又獲得不可思議的成長。心懷熱愛的人往往更容易活得鬆弛。

美國著名的畫家摩西奶奶在七十六歲的時候拿起畫筆，開始探索畫畫之路。不曾學過專業技術的她，用手中的畫筆天真無邪地勾勒塗抹。是熱愛讓她爆發了驚人的潛力，在往後的二十多年裡創作了一千六百幅作品。

她說：「不要懼怕未知的明天，找到自己喜歡做的事情，並且堅持做下去，從中獲得樂趣，這樣的人生自然是美好而愉悅的。」摩西奶奶的經歷鼓舞了無數人。

我曾經讀過一篇關於古董鑑賞家馬未都先生的文章。馬未都年輕的時候，在一家工廠裡當機床銑工。那時候，他每天做完工作之後就會跑進圖書館，讀名著、讀所有他感興趣的書。偌大的圖書館常常只有他一個人。他在工廠裡做了五年，就這樣過了五年，沒正式上過學的他靠熱愛與堅持完成了自我教育。一九八一年，馬未都寫出了《今夜月兒圓》，並且發表在《中國青年報》上，自此有了名氣。

人是趨樂避苦的。真正熱愛的事情自己會主動去做，而不愛的東西，就算外界逼迫也沒用。如果遇到不想做但不得不做的事時，有沒有什麼辦法可以讓我們更從容地面對和處理呢？

首先，將不喜歡的事情轉化成積極的目標。

學醫的堂弟向我訴苦，他已經讀到研究所的最後一年了，為了直升博士班進了實驗室，可是現在感覺自己堅持不下去了。他說：「實驗室裡太枯燥了，我真想轉行算了！」

「成為醫生不是你的夢想嗎？」我問他。

「是啊，我喜歡做臨床，那讓人很有成就感。但現在只能做一些毫無興趣的事情，太難受了。」

「可是，進實驗室不就是為了最後成為醫生嗎？」

堂弟冷靜了下來。「成為醫生」這個理想為「做實驗」這件他討厭的事情賦予了意義，他覺得自己願意沉下心來，為了實現自己的理想而繼續完成沒做完的實驗。當你討厭一件事情的時候，你會感到煩惱，又因為煩惱而加深了這種厭惡，這是一種惡性循環，也是一種精神內耗。與其讓自己在煩惱的深淵中沉淪，不如試著將其轉為積極的目標。

其次，用讓自己快樂的方式完成。

我們無法預知未來，但可以把握當下；我們無法改變天氣，但可以調整心情。當面對必須做的事情時，我們也可以轉換思維，選擇用讓自己快樂的方式去完成它。

舉一個最簡單的例子，當你不喜歡死記硬背的時候，可以把要記憶的內容變成口訣，這樣記起來既輕鬆又高效。

6. 不畏變化：在改變中獲得生活的選擇權

我們每個人的生活都在不可避免地不斷發生著變化，從小孩長大為成人，從學生變為社會人士，從單身青年變為某個人的丈夫或妻子，從父母的孩子變為孩子的父母……不鬆弛的人往往一遇到變化就方寸大亂，因為變化打破了他原有的生活秩序。但鬆弛的人穩如磐石，坦然地迎接變化，心力充沛地面對所有事情。

一九七四年，東京的某條街道上多了一間名為「彼得貓」的爵士樂咖啡館，老闆是村上春樹，他和妻子用辛苦打工存下來的錢和找朋友東拼西湊借來的錢才把店開了起來。他們白天賣咖啡，晚上賣酒，努力地經營著小店的生意。或許如果日子一直這樣下去，這個世界上會多一個或許像星巴克那樣的連鎖品牌咖啡館。

幾年後，四月的一個下午，村上春樹在球場觀看棒球比賽。在看到運動員用球棒擊中棒球的一瞬間，村上春樹的腦海裡閃現出一個念頭：「說不定我能寫小說！」既突然又毫無徵兆。村上春樹沒有輕易放過這個念頭，從那之後，他的生活發生了變化——除了賣咖啡，還要抽時間寫作。半年之後，《聽風的歌》橫空出世，村上春樹也因為這部處女作一舉獲得日本群像新人賞。他正式踏上了寫作的道路。

村上春樹用實際行動讓不起眼的念頭成為人生的轉機，從一個小老闆變成了蜚聲文壇的作家。或許，這一切可以用他自己的話來解釋：「不必太糾結於當下，也不必太憂慮未來，當你經歷過一些事情的時候，眼前的風景已經和從前不一樣了。」

有意義的成長總是在變化中發生，變化是推動人生前進的力量。

每個人都有「自我的疆界」，也就是對外界事物的控制範圍。如果總是將外界的變化視為威脅，那麼這個人就會傾向於縮小自我的疆界，故步自封；反之，如果一個人能夠打破認知的牢籠，那麼他的自我疆界就會越來越廣闊。

比如有的人原本工作得好好的，卻突然收到了調職的通知信件。一時間，他的腦子裡冒出各種各樣的想法：「難道我之前的工作出了問題？」、「為什麼把我換到另一個崗位？會不會過幾天就把我開除了？」突如其來的變動讓他們的思緒變得混亂，他們甚至會全盤否定自己的努力。

與其害怕變化，不如擁抱變化。

三年前，小米就接到了一封調職的信件。當時，她剛剛因為銷售業績突出而被升為部門主管。誰知道，她剛把新辦公室布置好就接到新的通知，公司希望她去外地設立的分部當負責人。小米知道這是一個機會，不但可以證明自己的能力，而且如果做得好，日後的職業發展也更順利。可如果去的話，意味著一切得從頭開始。小米有點糾結，雖然她沒有什麼情感上的牽絆，但是對於去陌生的地方還是感到不安。

思來想去，小米接受了公司的安排。剛開始的時候，因為她是「空降」的主管，團隊的成員對她都不服氣，專案也無法順利地進行。那段時間，小米好幾次都很後悔自己的決定，甚至想打道回府。好在理性的思維占了上風，小米在心裡一遍遍地告訴自己：「不能退縮！」她親自去跑業務，不到三個月就為公司開發了一個大客戶，用過硬的能力征服了一眾員工。小米有了信心，在她的帶領下，分公司的業績也不斷攀升。自此之後，當生活或工作再發生變化的時候，小米不再猶猶豫豫、畏首畏尾，而是敢於接受挑戰，因為她知道，每一個變化都代表一次選擇，會帶領她成為更理想的自己。

人的一生就在成長中不斷地發生著變化，終有一天回首時，你會發現，曾經的每一次蛻變，都是在推動著你向前成長。

7. 享受獨處：孤獨不是逃避，是建立自己的宇宙

梭羅在二十八～三十歲時遷居到瓦爾登湖畔的小木屋，一個人生活，寫出了影響力跨越時代的《湖濱散記》。他說：「我喜歡獨處，我從來沒有感到有伴相處會比獨自相處這麼自如。」

作家木心二十多歲時辭去城裡的工作，鑽入僻靜的莫干山，在那裡一住就是半年。他每天讀書、寫作，等到下山時，箱子裡多了幾冊厚厚的書稿。對於這段孤獨的生活，成名後的木心給出了肯定的評價：「很多現在的觀點，都是那時形成的。」

自由攀登運動員湯米．考德威爾說：「獨處對我的意義在於，讓我靜靜地把生活的碎片編織到一起。……我人生中所有最重要的決定都是在獨處中做出的。所以如果我正面臨重大抉擇，我就會創造獨處的機會。」

有時候，孤獨不是逃避，而是建立自己的宇宙。

上學的時候，我們忙著玩耍，努力讀書；畢業後，我們忙著工作，從升職加薪中獲得成就感；結婚後，我們又馬不停蹄地生小孩、照顧小孩、賺錢養家……人生一路走來，總是有不同的任務需要完成，我們有多少時間是真正在和自己相處呢？

從幼年到成年，一個人需要不斷地自我瞭解和完善認知，其中必不可少的就是獨處。有人認為孤獨是可怕的，其實真正可怕的是不敢面對獨處，優秀的人往往會從獨處中獲得成長。獨處是一個人最好的修行。

我們獨自來到這個世界，離開時也是孑然一身。人生本來就是一個人的旅程。

電影《最貧窮的哈佛女孩》是根據真實的故事改編的。女孩莉絲是不幸的，她出生在貧民窟，從小就沒有感受到家的溫暖：父母酗酒、吸毒，她十五歲那年母親死於愛滋病、父親去了收容所……生活的苦難讓莉絲似乎看不到人生的希望。

可是，莉絲沒有自暴自棄，她開始拚命讀書，只用兩年的時間就讀完了高中四年的課程，並且每門功課的成績都很優異。十七歲那年，她獲得了《紐約時報》的獎學金，進入了哈佛大學，開啟了全新的生活。

莉絲又是幸運的，因為她很早就清醒地意識到，在走向哈佛的這條風雨路上沒有別人，只有她自己，她必須做一個孤勇者，不斷地給自己鼓勵，朝著夢想前進。

我見過身邊許多人，活了大半輩子，仍害怕獨處。

我有一個女性朋友小梅。她每次剛分手，就急著進入下一段關係。她說，她怕極了一個人待著，而且她感覺，自己一個人什麼事情都做不了；只要跟其他人在一起，她就可以獲得勇氣。以前，她跟著男友挑戰重裝登百岳。但自從跟男友分手後，她的夢想就擱置了，她覺得自己一個人肯定無法完成。

最近，她自己一個人，背了行囊，成功地登上一座海拔四千公尺的高山。登頂後她才發現，恐懼是自己想像出來的。她以為自己需要依靠他人才有力量，其實力量一直都在。如今，她再也不需要別人給她勇氣了，她自己就可以給自己勇氣，去實踐很多夢想。

生命就像坐火車一般，總是經過一站又一站，有些人中途上車，有些人中途下車；有的人陪你久一點，有的人可能只是陪你坐了一站；有的人讓你快樂，有的人讓你獲得啟示……有時候，生命列車裡只有你一個人，你覺得自在還是孤單，取決於你獨處時的心態和你面對獨處的人生態度。

英國心理學家唐納德．威尼科特認為，一個人能否坦然地獨處，代表著他是否成熟。一個成熟的人，能夠妥善地區分自我與世界，擁有與自己融洽相處的能力。

我們與其為孤獨所困，不如培養獨處的能力。

可以在清晨去公園裡慢跑，讓身體從運動中逐漸甦醒並獲取力量；可以在忙碌了一上午之後品一杯咖啡，看看書或者窗外的風景，讓繁雜的思緒平靜下來；還可以為自己安排一場說走就走的旅行，去郊外或者另一個城市，用獨處換來更多的自由……當你真的找到了自己的節奏，你就會發現，獨處也能帶來內心的快樂與充實。

意識到每個人都是一個人，才能夠活出鬆弛的人生。願你有能力在獨自一人的生活裡享受生命的美好。

Chapter

4

平衡職場：尋求持續的職場自由

最佳的工作狀態就是忙時全心投入，
閒時鬆弛有度。

1. 正向思考：積極的情緒，才會產生積極的行動

在古希臘神話中，薛西弗斯因為矇騙死神而受到眾神的懲罰——讓他將一塊巨石從山腳推到山頂。山路崎嶇，薛西弗斯好不容易把巨石推到山頂，可是剛到山頂，巨石就在自身重量的作用下衝到了山下。薛西弗斯無奈地重新開始從山腳下推動巨石。然而，巨石被推到山頂後又滾了下去，一次又一次，薛西弗斯的努力全化為了泡影。薛西弗斯只好日復一日地重複著這項艱苦的工作，徒勞且毫無希望。

其實在工作中，每個人都會面臨薛西弗斯式的困境。

當你面臨困境時，會怎麼處理呢？

某個部門來了兩個新同事，暫且稱呼他們小A和小B吧。

小A很快熟悉了工作流程，接手上一任離職同事的工作。他做起事來總是一副不情不願的樣子：埋怨前同事留下了一堆爛攤子；認為自己還在試用期，工作能少做就少做；吐槽公司的制度太呆板；主管安排的工作有難度，他覺得自己還是新人，做不了……

小B則和小A完全不一樣，他不但積極地承擔主管安排的工作，而且能提出自己的思考和見解。即使偶爾需要加班，他也毫無怨言，總能認認真真地完成交代給他的任務。

毫無疑問，最後公司留下了小B。

很明顯，小A習慣於負面思考，小B習慣於正向思考，他們給旁人留下了完全不同的印象。由此產生的結果是，負面思考出局，正向思考則有無限可能。沒有誰的職業生涯是一帆風順的。學會用積極的態度去面對工作中的難題，才有可能實現新的成長。

美國的科學家曾經做過一項實驗：研究人員準備了兩組詞，其中一組詞是「滿懷期待」、「嫩葉」、「未來」、「健康」、「好友」等，這些詞聽起來充滿活力，容易和年輕人連結起來；另一組詞是「白髮」、「拐杖」、「皺紋」、「無法動彈」等，這些詞符合老年人的特徵。研究人員找來十二名受試者，將他們分為四組，並請他們分別用這兩組詞造句。研究人員還要求，受試者寫完句子後需要從當前的房間移到另一個房間。

結果顯示，使用「容易聯想到年輕人」詞組的受試者比「容易聯想到老年人」詞組的受試者到得早，而且他們的走路速度也比另兩組受試者更快。

我曾經看到一句話：思想是屬於自己的樂園，它可以把天堂變成地獄，也可以把地獄變成天堂。實驗中的受試者為什麼會出現這樣的差距？這和人的思維分不開。積極的思維推動人前進，披荊斬棘；消極的思維會使人的行動力降低，畏首畏尾。

若一個人負面思考成習慣，就容易害怕失敗。一旦對失敗的恐懼淹沒了我們，鬆弛就難成為可能。讓正向思考成為習慣，把「錯誤」或「困難」當成新發現，那麼我們便樂於嘗試新行為，會給工作帶來新的收穫。

如果你想養成正向思考的習慣，可以從以下幾個方面來反覆進行訓練。

◆停止自我懷疑

比如向主管匯報完工作後，心情十分忐忑，不知道會得到什麼樣的評價。出了主管的辦公室後，你的腦海裡一直想著這件事情，心情也越來越緊張，無心工作。這就是一種負面思考。

你可以多進行幾次深呼吸，或者看看窗外的風景，轉移一下注意力，將自己從糟糕的假設裡解救出來。

◆將錯誤看成改進的機會

人類天生對錯誤十分敏感。錯誤不意味著失敗，成大事者會將錯誤視為成功的必經之路。對於錯誤，我們有必要保持開放的心態來看待。

橋水基金是世界上數一數二的對沖基金公司，作為其創始人，瑞．達利歐被稱為「投資界的史蒂夫．賈伯斯」。有一次，一個交易員忘記把客戶的錢及時投入交易，給客戶和公司帶來了巨大的損失。原本瑞．達利歐計劃開除這位員工，可是他經過深思熟慮後，並沒有這麼做。

從那之後，瑞．達利歐建立了一個「錯誤日誌」，要求員工把發生的錯誤和造成的後果記錄下來。在這本日誌的激勵和督促下，橋水基金不斷完善交易制度和流程，使工作變得更有成效。

有的人會質疑，為什麼不開除那名犯錯的員工？瑞．達利歐的解釋是，如果開除了那位員工，就表明公司不能容忍錯誤的存在，這樣一來，之後有員工犯錯就會想辦法掩飾，很可能會帶來更大的損失甚至是毀滅性的後果。

拓寬自己的視野

在職場上，如果一個人不善於學習，不僅對與本職工作相關的知識興趣寥寥，也不願意涉獵其他領域的知識，那麼他的視野就會越來越狹窄，很容易在工作上遇到瓶頸。

工作就是會不斷地面對新的挑戰，如果視野不開闊一點，遇到新挑戰就會束手無措。所以說，一個人成敗的關鍵往往不在於努力的程度，而在於見識的高低。

關於拓寬視野的方法，有很多，如讀書、接觸不同的人等等。但要記住的是，只有堅持下去，才能突破自己固有的模式。

2. 時間管理：掌握方法，讓效率翻倍

簡晨在一家貿易公司做銷售助理，每天忙得不可開交。她有一套自己的做事方法：上班之前先列一份任務清單，把當天要完成的工作逐一寫下來，每完成一項任務，就從清單上劃掉一項。可計劃得再完美，工作的完成情況總是不盡如人意，因為總是有各種各樣的突發情況，導致她無法按時完成任務。

制訂了完美的計畫，可真正工作的時候又總是被打斷；明明知道哪件事情更重要，卻總想做那些容易的事情；被工作追著跑，常常不得不

把工作帶回家才能完成，讓自己筋疲力盡……對於職場人來說，學會時間管理是一種硬性需求。

每個人擁有的時間都是相同的，然而，每個人在二十四小時內做出的成果卻天差地別。因此，管理時間是一門藝術，掌握了這門藝術，就可以突破有限的資源，實現更高的產出。

◆為工作做減法

如何避免讓不重要的事情占據自己的時間和精力，我認為最有效的方式就是四象限時間管理法，即把自己要做的事情按照重要且緊急、重要但不緊急、緊急但不重要、不緊急且不重要這四種進行分類，然後找到自己需要優先做的事情。

時間管理需要「捨」的智慧，我們應該把工作量控制在能夠承受的範圍內，否則就會因完不成工作而陷入焦慮的境地。

◆培養對時間的覺察力

我有一個朋友堅持每天寫文章。有一次我問她，一天大概能寫多少字。她說不知道，因為她並沒有把寫作當成主要的賺錢管道，再加上經常有別的工作安排，所以沒有要求自己每天必須寫多少字。她說，每次寫文章之前，她都得花一點時間「找找靈感」，不然就動不了筆。

但我對於自己寫作的效率十分清楚：我一般每天寫三千字左右，六千字就是極限了。因此，每當和編輯約定交稿日期的時候，我都會快速地給出一個確切的日期，並且保證自己如期交稿。

培養對時間的覺察力，有助於將精力引導到工作上，讓時間掌控在自己手裡，而不是被時間控制。

你可以在每天工作快結束的時候，記錄下當天所做的事情和大概花的時間，看看自己的安排是否合理，進而分析如何更好地提高投入產出比，以便日後改進。

◆一次只做一件事

管理顧問彼得．杜拉克在《杜拉克談高效能的五個習慣》這本書中寫道：「卓有成效的管理者總是把重要的事情放在前面先做，而且一次只做好一件事。」

人的確有在同時處理幾件事情的能力，例如一個技藝純熟的雜技演員，可以輕輕鬆鬆地用雙手同時拋擲七八個球。有些人為了在短時間內完成更多任務，會選擇多線進行工作，比如一邊寫文案，一邊寫總結，同時還回覆工作群組的訊息。看起來這樣似乎更省時間，但其實在做這些事情的過程中，人的精力被分散了，很可能什麼事情也做不好。

厄爾．米勒是美國麻省理工學院的神經學教授，他曾經透過一項研究發現，如果人同時做兩件事情，大腦會將這兩件事情視為兩個獨立的任務，並安排不同的大腦通路執行。當人把注意力更多地放在其中一件事情上時，對另一件事情的關注就會自動減少。而且大腦在切換任務的時候需要消耗能量，切換得越頻繁，能量消耗得越多，進程就越緩慢。

因此，比起同時進行多個工作任務，一次只做一件事的效果是最好的。

◆進行深度工作

幾乎所有成大事的人都有深度工作的習慣，他們會專門留出一段時間來做重要的事情。

村上春樹的不少作品被奉為經典，他的習慣是每天寫作至少三小時，如此筆耕不輟地堅持了幾十年。

史蒂芬・金的大部分作品都被改編成了電影，其中最有名的是被改編為《刺激一九九五》的《麗泰・海華絲與裘山的救贖》。他在《史蒂芬・金談寫作》裡談到了自己的工作習慣。他說，一旦自己開始寫某本書，就會每天都寫，而且會把自己鎖在房裡，不寫夠一定的字數就不出來。

在需要專注工作的時候，你可以關閉手機（如一小時，根據自己的需要確定），避免被社交軟體、通訊軟體等訊息打擾；如果有同事找你幫忙，在非必要的情況下，要敢於直接明確地拒絕，確保自己的時間不被打擾。

《人生四千個禮拜》這本書中有一句頗有哲學意味的話：管理時間，就是管理生命。的確，我們管理時間並不是單純地為了管理工作任務，讓自己的安排更緊湊，而是為了用最短的時間達成目標，讓自己的人生更豐富之餘，還可以享受那一份鬆弛與悠閒。

3. 心流狀態：全心投入，找到工作最佳狀態

或許你上班的時候有過這樣的經歷：一坐到座位上就打開電腦，準備開始一天的工作。你覺得口渴了，於是拿起水杯去裝了一杯水。再次坐下來之後，你滑動游標，尋找自己需要的那份文件，可是不知不覺就漫無目的地瀏覽起新聞來……就這樣過了兩小時，也沒有真正開始做今天的工作。到下班的時間了，原本今天要完成的任務還有好幾項沒有做完，你的心裡很是懊悔。

怎麼改變這種情況呢？那就是讓自己保持專注。專注力是我們用

來完成工作最強大的工具。最佳的工作狀態就是忙時全心投入，閒時鬆弛有度。

在心理學上，人處於專注的狀態時被稱為「心流」。這個詞最早是由心理學家米哈里．契克森米哈伊提出的，他在《心流：高手都在研究的最優體驗心理學》這本書中解釋道：「心流可以讓人全神貫注在明確、相容的目標上……讓人知道自己究竟做得好不好，你可以在完成每一步驟後，立刻判斷自己是否有所改進。」

你可以回憶一下，自己在看電影時是否會完全被吸引住，沉浸在劇情裡面。這就是一種心流體驗。

你玩過遊戲嗎？尤其是不斷過關的遊戲，當你開始第一關後，就難免想一鼓作氣玩到最後。等到你真的過關了，一種酣暢淋漓的愉悅之感則會讓全身立即放鬆下來。玩遊戲時的忘我狀態也是一種心流體驗。

我曾經看過一篇關於「中國植物畫第一人」曾孝濂先生的報導。他一輩子只做了一件事——為自然萬物畫像。曾孝濂筆下的樹葉，每片葉子的葉脈都清晰地展現出了層次；他畫的花朵，花蕊根根分明，可以數出具體的數量。在中國科學院昆明植物研究所工作的四十多年，曾孝濂畫過上萬種植物。

「既然喜歡它，我就要做好它。」曾孝濂為了畫一朵山茶花，從早上一直畫到中午，一連幾個小時全身心地投入畫畫，不喝水也不上廁所，真正進入了「心流」的狀態。

當人們在做自己喜歡的事情的時候，更容易進入「心流」狀態。在「心流」狀態下，那些看似不可能完成的任務也可能毫不費力地完成。可以想見，如果我們工作時也能獲得「心流」體驗，那麼就容易戰勝拖延或抗拒的心理，從而極大地提升效率。有些人會覺得，進入這種狀態太難了，但其實只要明白了它的原理，我們就可以透過一些練習讓自己更容易進入「心流」狀態。

關注工作的價值，培養認同感

發展心理學家皮亞傑認為，擁有一個可以獲得滿足感的目標，是一個人走在良好的發展軌道上的重要條件之一（另外一個條件是擁有鼓勵人發展的社會支持系統）。

當一個人發現自己的工作有意義、有價值的時候，能夠獲得一種昇華感，並且產生繼續做下去的動力。而對於一些缺乏意義感的工作，有的人會選擇消極抵抗，也就是「摸魚」。但其實一個人的工作到底有沒有意義，和自己的態度有很大關係。一個打掃衛生的清潔人員，若把為人類創造更美好的環境作為工作目標，無疑把一份普通工作轉化為了天職。

人稱「茶水阿姐」的楊容蓮曾在第三十七屆香港電影金像獎典禮上獲得了「專業精神獎」。她的工作是在電影的拍攝現場幫演員和其他工作人員端茶、發便當等。就是這樣一份看起來很不起眼的工作，楊容蓮卻用心把它做到了極致：她會記住現場每一位工作人員的名字以及口味特點，安排的餐點和飲品總是恰到好處。

把不起眼的工作變成優勢，是對自己最大的尊重。

◆化整為零，將大目標拆分成小目標

山田本一是日本的長跑運動員，曾經連續在兩屆國際馬拉松邀請賽中獲得冠軍。他每次比賽之前都會事先熟悉路線，並且根據沿途的建築或其他標誌，將長長的跑道劃分成若干段比較短的路線，比如第一段是從起跑點到博物館，第二段是從博物館到銀行，以此類推……就這樣，他每跑完一小段，就會增加一點成功的信心，進而輕輕鬆鬆地就跑完了全程。

將行動與小目標一一對應起來，不但能降低難度，獲得自信，還能幫助我們清晰地知道自己與最終目標之間的差距，從而更好地實現目標。

◆用寬容的態度對待「恍神」

有科學研究發現，一個人的注意力是有限的，當人坐在電腦前工作時，平均能保持四十秒的注意力。有的人可以保持更長時間的注意力，但這也只是時間長短的問題，都會因為別的事物而分心。

當你發現自己恍神了，與其苛責自己，不如暫時放下手上的事情，活動一下肢體或是放空思緒，等到自己回神後再繼續投入工作。

4. 以終為始：關注目標和結果，逐步成事

主管匆匆地走進辦公室，安排新的任務給手下幾名員工。他讓小張負責制訂本月的銷售計畫，讓小李負責執行，讓小王負責接待客戶。交代完這些事情後，主管又匆匆地走了，只留下一頭霧水的員工在辦公室裡，不知道該怎麼展開自己的工作。

這個主管最大的問題就是沒有給員工樹立一個整體的目標。就像一艘停靠在港口的貨輪，如果不知道目的地，又怎麼能及時地把貨物送到需要的人手上呢？

史蒂芬．柯維在《與成功有約：高效能人士的七個習慣》中提出要「以終為始」，他說：「以終為始，說明在做任何事之前，都要先認清方向。這樣不但可以對目前處境瞭如指掌，而且不至於在追求目標的過程中誤入歧途，白費工夫。」也就是說，「以終為始」要求人具備大局觀，不能將目光僅僅停留在是否完成任務上。先確定目標，然後以目標為出發點來規劃行動。很多時候，我們面對眼前的工作感覺無從下手，其實就是缺乏「以終為始」的思維能力。那麼，如何才能做到「以終為始」呢？要記住下面幾個關鍵。

◆ 鎖對目標，不要迷失在複雜的環境中

文壇巨匠湯馬斯．卡萊爾說過：「一個人沒有目標，就像是一艘船

沒有舵。」在職場上，判斷一個人能力大小的標準就是有沒有達成既定的工作目標。因此，「以終為始」的關鍵之一就是確定目標，只有鎖對了目標，才能朝著正確的方向努力。

◆有戰略思維，制訂合理的計畫

制訂計畫的時候可以採用「以終為始」的逆向思維。具體的方法就是，從目標出發，倒推實現這個目標需要做什麼，然後倒推做到這一點又需要在前一階段做什麼……如此，一步步地將大的目標細分成小的目標。

要注意的是，如今的環境充滿不確定性，在制訂計畫的同時還要做好規避風險的準備。

堅持不懈，從量變到質變

成功的人，一旦開始做某件事，就會堅持不懈地追求下去。

鉛球運動員鞏立姣三戰奧運都無緣金牌，但是她始終沒有放棄，最終在第四次征戰奧運時，用二十多年的訓練換來了夢寐以求的金牌；滑雪運動員蘇翊鳴為了掌握一個新的難度動作，可以一整個夏天都練習這個動作，十八歲的他成了中國最年輕的冬奧冠軍；跳水運動員全紅嬋七歲進入體育學校練跳水，從來沒有因為遇到了困難而放棄成為奧運冠軍的目標，苦練七年後，以驚人的五次跳躍三次滿分的成績站在了奧運賽場的最高領獎臺上……

做任何事情都沒有捷徑，用堅持不懈的態度完成從量變到質變的過程，才能換來安心和底氣，讓人生更加熠熠生輝。

鬆弛感來自於足夠的自信。以終為始，逐步成事，看到自己的潛能，繼而人就鬆弛下來了。

5. 不必設限：向上成長，才能有職場自由

很多人在剛踏入職場的時候都是意氣風發、信心滿滿的，可是有的人工作了一段時間之後就產生了倦怠的心理。你可以想一想，自己在日常工作中有沒有出現過下面的情況：

- 每天忙忙碌碌的，好像做了很多事情卻沒有什麼成就感。
- 想到要上班就情緒低落，對工作完全提不起熱情。
- 經常加班，幾乎沒有自己的時間。

如果你有以上這些情況，那麼你很可能已經陷入了職業倦怠。

但是，人生不可能因為倦怠而停滯，工作也不能因為倦怠就完全放棄。開過手排汽車的人應該都知道，汽車在一擋轉換至二擋的一瞬間，轉速會先停滯甚至下降，換擋後，轉速才會上升並同時拉升車速。人生亦如此。

「世上唯一的不變就是變」，很多人聽過這句名言，但到底要如何在自己可以接受的步調下改變並前進呢？「我該換工作嗎？」、「我不知道如何提升自己的能力，也不知道該學些什麼」……很多人在職場上停滯不前，不知如何成長，他們總會被「我不行」、「等我準備好了再說」、「我太忙了」、「別人會怎麼想」等想法絆住腳步。這樣踟躕不前又怎麼可能獲得夢寐以求的鬆弛感呢？

文莉在一家事業單位工作了多年，收入穩定，日子過得很舒適。但是去年，文莉卻突然辭職了。家人和周圍的朋友都不理解：同齡人都在慢慢安定下來，她卻放棄這麼穩定的工作重新開始，日後一定會後悔。

可是文莉卻很堅定自己的選擇，她在離職後的一年中努力備考心理學的研究生，並且如願上了自己心儀的學校。文莉說：「我是經過了深思熟慮才做出這個決定。雖然我之前的工作很穩定，但是在裡面待久了，我感覺自己的進步越來越慢。我很害怕這種感覺，所以必須走出去。」

我很理解文莉，她並不是放棄了自己的職業，而是在努力尋求突破，換個賽道成長罷了。

種子一旦衝破泥土，為了爭取陽光，就會不斷地向上生長。和植物一樣，人要嘛不斷地汲取新的營養向上成長，要嘛因為缺乏新的養分而逐漸枯萎、衰敗。

在閱讀蜜雪兒・歐巴馬的自傳《成為這樣的我》時，我不斷地從中獲取了這樣的訊息：向上成長是一個人改變自己、改變命運的解藥。

蜜雪兒．歐巴馬是美國歷史上第一位非洲裔第一夫人。她出生於工人家庭，從小就因為種族歧視而面臨各種各樣的困難。上高中的時候，蜜雪兒為自己設定了目標——考入普林斯頓大學。有的老師認為蜜雪兒不可能做到，可蜜雪兒沒有因為老師的話而喪失鬥志，反而更加瘋狂地投入學業。

功夫不負有心人，蜜雪兒拿到了普林斯頓大學的錄取通知書。在大學期間，她依然努力地達成一個個目標。憑著自己的努力，蜜雪兒又申請到哈佛大學的法學院攻讀博士。這意味著她擁有了選擇工作、選擇人生的自由，而這都是她一路不斷向上成長的結果。

蜜雪兒從哈佛大學畢業後就進入了一家知名的律師事務所。

一切如蜜雪兒自己所說：「當他們墮落時，我們應走向更高處。」

人的一生就像一場極限生存挑戰的遊戲，我們需要不斷地突破自身能力的極限，向上成長，才能更加適應瞬息萬變的環境。

6. 學會復盤：不斷迭代，別讓努力都在低水準重複

鬆弛感是一種力量，在心力強大的人身上更容易體現出來。尤其在職場上，越強大，越鬆弛。

身在職場，你是否有過下面的困惑：

- 為什麼有的人工作一年就進步神速，甚至抵得上別人工作五年的成績？
- 為什麼有的人即使工作多年也沒什麼大的成就？
- 為什麼有的人總是會犯相同的錯誤？

這些情況往往都是因為沒有復盤造成的。工作能力越強的人，越懂得如何復盤，並因此讓自己的能力也獲得質的飛躍。

做任何事情都是如此，如果不及時反省、改進，哪怕進行了一萬小時練習，也只是低水準重複。復盤，原本是圍棋的術語之一，指下完一局棋後，按照原先的走法再擺一遍棋子，目的是找到對手招法的優劣，進而提升和完善自己的棋藝。

胡文曾經是一家裝飾公司的新媒體營運，他成功地策劃了多場引流活動，把公司的自媒體平臺從零做到了擁有十幾萬粉絲。

前幾天他和朋友見面，問了一個問題：「怎麼才能成功地營運一個自媒體平臺？」朋友很詫異，這不像一個有相關工作經驗的人的困擾。

原來，胡文最近離職了，他去一家離住的地方更近的公司面試了新媒體營運的職位。在面試的過程中，人事總監問胡文：「你是怎麼做好新媒體營運的？」

如果只是說「搭建平臺、做內容、引流、轉化」，很顯然這個答案並不能令人滿意。胡文一時不知道該怎麼作答。

「唉！你說，我之前不管是做內容還是策劃活動都得心應手，怎麼到關鍵時刻就講不出來呢？」胡文長嘆了一口氣，既後悔又無奈。

很多人在工作中遇到過和胡文類似的問題——日用而不知，只是徒勞地增加經歷，卻沒有收穫經驗，形成能夠指導行動的方法。之所以會這樣，或許就是因為缺少了復盤的能力。

學會復盤，才有機會翻盤。

當完成一個專案後，有的人會總結自己在這個專案中做了哪些事情，哪些是好的，哪些是壞的。把總結和復盤理解為同一件事情，其實這是片面的想法。

當然，總結並不是沒有用處，但是僅僅知道自己做了什麼，或者哪些地方做得不好，是不夠的。復盤的真正目的，不在於糾結過去做的事情是對還是錯，而在於把過去的經歷變成未來可以滋養自己的養分，讓自己變得更有力量。

那麼，如何做才能真正幫助我們更好地面對未來呢？

◆學會記錄

這裡說的記錄，並不是簡單地在紙上列出幾點幾分做了什麼事情。記錄的重點在於，留下有用的訊息。

舉個例子，開部門會議時，有人把整個會議的流程都記錄下來，整理成會議紀要。這是復盤嗎？不是。作為會議的參與者，個人從這個會議得到的啟示才是真正有用的。

◆學會思考

如果不整理自己記錄的訊息，就相當於做了無用功。只有把自己記錄下來的訊息一一過目，思考它們是否能夠幫助自己實現目標，這樣才可以排除那些不重要的訊息，保留下真正有價值的訊息。

然後，從這些真正有價值的訊息出發，思考自己可以從哪些方面去調整想法或行為，以達到優化工作的目的。

◆付諸實踐

經過前面的記錄和思考之後，接著就需要透過實踐來驗證自己提煉出來的訊息是不是真的有用。

當我們學會了復盤，深入地認識自己、修煉技能，不但能力會提升，內心也會越來越強大。

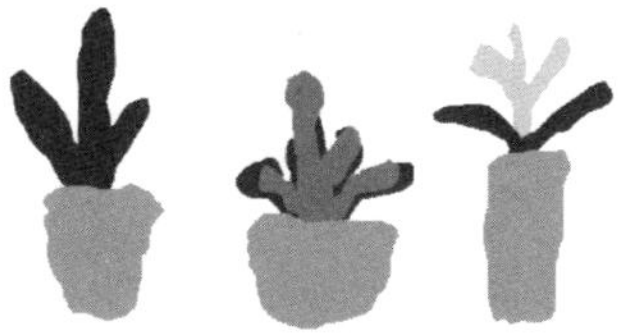

Chapter

5

親密關係：活在自在的關係裡

願你懂得自愛，也能愛人。

1. 不討好：不委屈自己，不取悅他人

討好型人格的特點是喜歡取悅別人。可是，現實不會因為你取悅了別人，就回報給你同等的快樂和幸福。更殘酷的是，當我們把自己放得越低，別人往往也會把我們看得越低。越是討好別人，別人越得寸進尺。日常社交如是，親密關係也如是。

張愛玲遇到了胡蘭成之後，陷入這段感情旋渦，她覺得自己越來越低，低到了塵埃裡。

隨著日本兵敗，胡蘭成身負漢奸之名，他從上海逃到外地，改名換

姓，還與照顧自己的護理師結為了夫婦。

然而，即便胡蘭成背信棄義，張愛玲依然對他一往情深，匯錢寄物給他，甚至把自己寫的兩部劇本的稿費三十萬元寄給了他。

張愛玲與胡蘭成之間的關係是失衡的，一方在極力地討好，另一方在拚命地索取。結果呢？胡蘭成不改風流的秉性，後來又愛上別的女人，並且對張愛玲沒有一絲歉疚。張愛玲的百般討好，換來的卻是胡蘭成的輕視。與其賣力取悅別人，不如討自己歡喜，活得才更自在。伴侶之間最好的相處模式，就是誰也不必討好誰，做自己就好。

我有個女性朋友曾經講過她的困擾。她的丈夫有潔癖，不但自己每天要整理得乾乾淨淨的，還要求家裡也一塵不染，甚至連角落裡也不能有一絲頭髮或一點灰塵。朋友很愛她丈夫，因此也就順從他的習慣，只要在家就會認認真真地打掃，哪怕有時候加班到很晚才回家，她也會把家裡先收拾好了再休息。可是丈夫總能找出她的疏漏，不是指責她沒有清理乾淨浴室的頭髮，就是指責她應該把椅子上的髒衣服放進洗衣籃裡。

「我是不是很邋遢啊？」這個女性朋友經常問我們這個問題，她感覺自己再怎麼努力也無法達到丈夫的要求。

後來，朋友實在無法忍受，提出了離婚。恢復單身之後，她才明白，一味地討好只是加劇了對方的控制欲，自己則被壓抑得喘不過氣來。自己的生活應該由自己做主，只要沒有傷害別人，每個人都有選擇生活方式的自由。

請時刻銘記王爾德的這句話：愛自己是終身浪漫的開始。如果一個人不委屈自己，不討好他人，活得不卑不亢，那麼一定會散發出一種令人舒服的鬆弛感。

2.界限感：越是親近的人，越要相互尊重

生物學家為了研究刺蝟的習性，在冬天的時候把牠們放在室外，刺蝟們為了抵禦寒冷互相靠在一起取暖。然而，當牠們靠近時，身上的刺會刺傷對方，於是又不得不分開。為了取暖而靠攏，因為刺痛而分開，就這樣刺蝟們一次次地聚攏、分開。最後，牠們終於在反覆的試探中找到一個適合的距離，既可以互相溫暖，又不會傷害彼此。

這就是「刺蝟法則」的由來，這也適用於人際交往中，人與人之間應該保持一定的界限感。所謂界限，就是每個人能夠承受的極限，簡單

來說就是知道什麼可以做、什麼不可以做。一段健康的親密關係，最重要的是擁有明確的界限。

在作家楊絳的回憶錄《我們仨》中，一天錢鍾書收到了父親的書信，父親在信中說希望錢鍾書能夠放棄清華大學的工作，到藍田教書。當時，錢鍾書雖然不願意捨棄清華大學的工作，但是覺得自己應該回家照顧年邁的父親。

楊絳起初反對錢鍾書回去，但她又不願意違背夫妻之間「各持異議、不必求同」的約定，最後還是保留了自己的意見，選擇支持錢鍾書的決定。

「一個人的出處去就，是一輩子的大事，當由自己抉擇，我只能陳說我的道理，不該干預。」楊絳在書裡這樣寫道。

當我們身處親密關係中時，常常忘記了，無論多麼親密的兩個人，都是獨立的個體。每個人都有捍衛自己決定的權利，每個人也應該尊重對方的決定。

華人家庭問題的癥結，往往在於父母與子女的界限十分模糊。

陸游一生以赤血熱忱賦詩近萬篇，他的愛國詩句，字字鏗鏘有力、堅強不屈，然而在愛情面前，他卻輸得一敗塗地。

陸游與表妹青梅竹馬，很快就舉辦了婚禮，結為夫妻。婚後，兩人的生活十分美滿。不料，陸游的母親認為兒子因為沉迷愛情而荒廢了學業，堅決要求陸游休妻。孝順的陸游只好跟唐婉分開了。

一晃七八年過去了，一天，陸游在沈園遊玩，意外碰見了唐婉和現任丈夫趙士程。故人重逢，陸游百感交集，萬千思緒湧上心頭。酒後微醺時，陸游在沈園的牆壁上題寫了一首〈釵頭鳳．紅酥手〉：

紅酥手，黃縢酒，滿城春色宮牆柳。東風惡，歡情薄。一懷愁緒，幾年離索。錯、錯、錯。

春如舊，人空瘦，淚痕紅浥鮫綃透。桃花落，閒池閣。山盟雖在，錦書難托。莫、莫、莫！

相傳，唐婉看到這首詩後萬分難過，再加上疾病的折磨，沒多久就憂鬱而終，離開了人世。年輕時的婚變也為陸游的心靈帶來了深深的創傷，一生都難以釋懷。

像陸游和唐婉這樣的愛情悲劇在古代並不罕見，古代的孝道文化催生了毫無界限感的親子關係，父母和孩子往往是不平等的。

對於父母與子女之間的關係，龍應台是這樣說的：「所謂父女母子一場，只不過意味著，你和他的緣分就是今生今世不斷地在目送他的背影漸行漸遠。你站在小路的這一端，看著他逐漸消失在小路轉彎的地方，而且，他用背影默默告訴你：不必追。」父母學會放手，孩子學會獨立，都不必追，這才是一個好家庭應有的樣子。

人和人之間保持一定的距離，是一段關係走得長久的前提。熟不逾矩是人際交往最好的禮儀，即便再好的朋友也離不開應有的界限感。如果覺得彼此之間十分熟悉，就以一副理所當然的態度待人，往往在無意間傷人又傷己。越是親近，越要注意分寸。

真正成熟的人懂得互相尊重。如果關係中的雙方都很自在，既不讓彼此產生窒息的感覺，又各自保持獨立，這是擁有界限感最好的結果，也是獲得鬆弛感的開始。

3. 降低期望：降低對別人的期待，找回自己的力量

作家莫言在〈吃的恥辱〉裡講述了幾段吃飯的經歷：朋友請吃飯，莫言多吃了一些，結果被朋友笑「吃的一上桌，又奮不顧身了」。事後，莫言覺得很後悔，決定再和別人吃飯的時候要搶先付錢，他以為只要他先付了錢，哪怕自己吃得多一點，別人也不會說什麼了。

等到下一次和朋友吃飯時，莫言果真提前買了單。一群人吃飽喝足之後，莫言不忍心浪費，繼續吃桌上的剩菜。沒想到，又有人取笑他

了，說他「非把那點錢吃回去不可」。莫言既尷尬又委屈。

又一次聚會，為了不再被人取笑，莫言提前吃了點東西。席間，他時刻提醒自己吃少一點、吃慢一點，卻被人說他「裝模作樣」……

簡簡單單一頓飯，怎麼吃都不對。這是為什麼呢？回答這個問題之前，我還想講一個小故事。

希臘神話中有一個叫普洛克路斯忒斯的惡魔，他開了一家黑店，專門搶劫過路的旅人。普洛克路斯忒斯在店裡放了一張鐵床，所有進店的客人都會被他綁在鐵床上。但凡客人的身體不符合鐵床的尺寸，普洛克路斯忒斯就會把客人的腿截短或拉長，可想而知，所有客人都一命嗚呼了。

很多人心裡都有一張「普洛克路斯忒斯之床」，認為自己的標準是唯一的真理，期待別人也按照自己的標準來看待或處理事情。與此同時，很多人也習慣於被他人的期待所迫而不自知，在日常的生活中迷失了自己。

請你假想一個場景：你去參加一個活動，當你到達活動現場時，工作人員遞給你一件印有巨大頭像的T恤，並且告訴你所有參加活動的人都需要穿上這件T恤才能入場。

你穿上T恤，在工作人員的引導下進入一個房間。此時房間裡已經聚集了不少人，你從人群中走過，在一個空位上坐了下來。

沒過幾分鐘，工作人員又進來了，和你道歉，說帶你進錯了房間。於是，你又跟著工作人員走了出去。

其實這是心理學家吉洛維奇做的一個實驗，實驗中印在T恤上的是歌星巴瑞．曼尼洛的頭像。實驗人員帶著被試者走出房間後，請被試者估算房間裡有多少人注意到了T恤上的頭像，被試者有自信地認為起碼有一半的人注意到了，實際上卻只有二十三％。

可見，我們並不如自己想像的那般受人關注。

「期待」原本是一個充滿希望和美好的詞，但事實上，不是每個人對他人的期待都是合理的。

◆不確定的期待

你的理想伴侶是什麼樣子？你的理想生活是什麼樣子？面對這些問題時，有的人難以給出確切的答案，而是用「對我好」、「我自己喜歡就行了」等模糊的詞句來描述。如果懷有這樣不確定的期待，生活就像開盲盒一樣，不知道迎接自己的是驚喜還是驚嚇。

◆ 不切實際的期待

在《什麼樣的禮物可以拯救你的人生？》一書中，心理醫生伊蒂特・伊娃・伊格告訴我們：「我們總認為一切都是另一個人的錯，是對方加重了我們的情緒負擔，可是真正讓我們陷入牢籠的其實是我們自己不切實際的期待。」

愛情讓我們感到幸福，也讓我們變得盲目。不少墜入愛河的人會在想像中賦予對方一切優點，一旦對方無法做到或最初的激情消退，就會感到自己的夢想破碎了。

不合理的期待是奔向幸福路上的巨大的障礙，往往讓我們無法看清真實生活的模樣，只能看到被自己寄予厚望的對方在各方面都不能如我所願。尤其在親密關係中，如果將期待全部寄託在對方身上，就容易忽視對方的付出，對關係造成破壞性的打擊。

若想提高人生的幸福感，讓自己更鬆弛，首先就要降低期待。不必期待別人什麼，也不必迎合別人的期待，所有遇見都是命運的禮物。

4. 依戀模式：不輕易愛，不輕易離開

談到婚姻或者戀愛關係，很多人會使用「經營」或「維護」之類的詞語，我則傾向於「選擇」。無論經營還是維護，都或多或少帶有兩性角力的意味，但選擇是平等的。你選擇了怎樣的人，就選擇了怎樣的關係；你選擇了怎樣的關係，就面對怎樣的人生。

《積存時間的生活》這部紀錄片的主角是一對耄耋夫婦，丈夫修一爺爺是一名建築師，妻子英子奶奶則是一名家庭主婦，他們生活在日本春日井市的一座幽靜的木屋裡。

紀錄片的開頭是一首小詩：「風吹枯葉落，落葉生肥土，肥土豐香果。孜孜不倦，不緊不慢，人生果實。」整部片子也如同這首溫馨而恬靜的小詩，將夫妻二人充滿詩意的田園生活娓娓道來：一屋二人，三餐四季，打理屋子、栽花育果、烹飪烘焙……平平淡淡的生活充滿了甜蜜的細節，幾十年的婚姻沒有消磨掉他們之間的激情與愛，而是讓他和她成為彼此相伴的知己。

英子奶奶每天變著花樣地準備一日三餐，她最大的心願就是聽到修一爺爺在吃東西時說出「真好吃」這三個字；修一爺爺不善言辭，可面對鏡頭時脫口而出的卻是「對我而言，英子是最好的女朋友」。人生如果實，其中最甜的部分一定是用心「澆灌」的愛情。

如果你看過傳記《我心歸處是敦煌》，想必也會為「敦煌的女兒」樊錦詩和丈夫彭金章之間的愛情感動。

她和彭金章從大學時相識相戀，在之後漫長的人生中，即便經歷無數風風雨雨也始終相愛如初。

大學畢業後，樊錦詩和彭金章一個去了敦煌，一個去了武漢，縱使相隔萬里，兩顆心仍彼此惦念。幾年後，他們舉行了婚禮，可隨之而來的是長達十九年「長期分離，短期團聚」的日子。直到一九八六年，彭金章調到敦煌，一家人才真正地聚在一起。

在這段婚姻中，彭金章的名氣不如樊錦詩，但彭金章也非常優秀，武漢大學考古系就是由他創辦的。但是為了支持樊錦詩，彭金章選擇了放棄自己熱愛的事業。對於這一點，樊錦詩大為感動，她說：「我最感激老彭的就是，他在我還沒提出來的時候，自己提出調來敦煌。……他知道我離不開敦煌，他做出了讓步，如果沒有他的成全，就不會有後來的樊錦詩。」

樊錦詩和彭金章之間從來沒有說過「愛」字，但他們用相濡以沫、不離不棄的行動詮釋了什麼是真正的「愛」。

愛最能讓人放鬆，但愛有千般面孔，人與人之間的愛各不相同。當我們學會「愛」這個字的時候，當我們第一次愛一個人的時候，好像都低估了愛的難度。

在《依附：辨識出自己的依附風格，了解自己需要的是什麼，與他人建立更美好的關係》中，將一個人在親密關係中的表現分為三種類型：焦慮型、安全型和逃避型。

焦慮型：黏人，常常表現得十分親暱，對伴侶的一舉一動都十分敏感；得到他人認可的時候會感到滿足，得不到認可的時候會感到焦慮和憂心。

安全型：即享受戀愛中的親密無間，又不會因為伴侶的行為而過度擔憂，在戀愛中感到很自在、安心。

逃避型：過度重視自我的獨立，不願意對伴侶完全敞開心扉，也不輕易表達自己的脆弱和喜悅，常常表現得冷漠和疏離。

看得出來，只有安全型的人最有可能收穫穩定的親密關係，而焦慮型和逃避型的人內心往往有一種微妙的矛盾感，無法安心地依戀他人。為什麼常常渴望親密，卻又與人保持距離？為什麼明明需要親密關係，卻又害怕面對它呢？馬修．凱利在《親密關係的七個層次》（暫譯，The Seven Levels of Intimacy）中給出了答案——之所以逃避親密，是因為親密接觸將會讓我們的隱私暴露無遺。

願意展示真實的自己，是我們送給另一方最好的禮物，也是獲得穩定的親密關係的祕訣。

和對方分享自己的經歷

還記得皮克斯動畫《可可夜總會》嗎？每當〈勿忘我〉（Remember Me）的音樂響起，我就不禁動容。電影裡說：最可怕的不是死亡，而是被遺忘。記憶，是我們在這個世界上存在的證明。

如果親密關係中的雙方不互相瞭解，二者之間就容易出現裂痕。只有和對方分享自己的人生經歷時，他們才能真切地瞭解自己。與對方分享得越多，當你需要安慰的時候，他們越有可能做出準確的回應。

保持人際交往

人際交往是認識自我的一面鏡子。當我們獨處時，容易沉浸在想像的世界中，給自己和他人都投射一層虛化的濾鏡，忽視真實世界中的需求與感受。與人交往則會將我們從幻想拉回現實，直面真實的自己。

關於愛，美國精神科醫師摩根．斯科特．派克是這樣解釋的：「愛，是為了促進自己和他人心智成熟，而不斷拓展自我界限，實現自我完善的一種意願。」願你懂得自愛，也能愛人。

5. 非暴力溝通：別讓你說話的方式，毀掉你的婚姻

好的婚姻離不開良好的溝通，很多時候糟糕的溝通是讓關係陷入緊張的真正原因。當一個人處於負面情緒中的時候，說出來的話如同一把匕首，輕而易舉地刺傷對方。語言有時候比暴力更傷人。

家本應是溫暖的，不恰當的說話方式卻常常讓夫妻之間的關係降到冰點。

◆錯誤的說話方式一：對人不對事

托爾斯泰在廣場上遇到一個乞丐乞討，他立刻就要掏錢。旁邊同行的人攔住了他，說：「這個乞丐的品行非常惡劣，不值得施捨。」托爾斯泰聽之後說道：「我不是施捨給他那個人，我是施捨給人道。」同行的人看到的是人，而托爾斯泰看到的是事。

「你怎麼一點小事也辦不好！」、「你怎麼總是這麼懶！」當這些話從最親近的人嘴裡說出來的時候，簡單的爭吵已經演變成了人身攻擊。將矛頭對準人，而不是事，會對我們的另一半造成無形的傷害。

錯誤的說話方式二：翻舊帳

有的人吵架的時候喜歡翻舊帳，指責對方「每次」、「總是」、「從來」如何如何。因為一件小事而牽扯出以前發生的事情，當過去的感受被觸發之後，越吵越生氣，越吵越傷人。

錯誤的說話方式三：情緒化

很多人在和伴侶有摩擦的時候，為了自己的一時痛快就大吵大鬧，甚至歇斯底里。哭多了，鬧多了，雙方的感情也因為一次次摩擦而變得越來越脆弱。

學會溝通是我們在婚姻中的重要課題。好好說話，才能讓親密關係也變得有鬆弛感。

楊絳生小孩住院時，錢鍾書一個人在家。一天，錢鍾書到醫院探望楊絳，他告訴楊絳說自己把墨水瓶打翻了，還弄髒了房東家的桌布。楊絳聽了後，只是輕輕地對錢鍾書說了一句話：「不要緊，我會洗。」

錢鍾書再一次來醫院時，告訴楊絳自己把檯燈弄壞了。楊絳安撫錢鍾書：「不要緊，我會修。」

後來，錢鍾書又把門軸弄壞了。楊絳還是那句話：「不要緊，我會修。」

換作別的夫妻，當妻子或丈夫聽到對方接二連三地弄壞家裡的東西，恐怕早就大發脾氣了。像楊絳和錢鍾書這樣，多些理解，少些責怪，一地雞毛也就成了相伴一生的見證。

我們不應該把所有壞脾氣都發洩到枕邊人的身上。試著換一種說話的方式，讓對方感受到自己的愛與包容，婚姻也會更加幸福和長久。

◆將反問句改為陳述句

人在生氣的時候常常會透過反問句來發動攻擊，試圖讓對方覺得自己才是有理的那一方。從現在開始，少用反問的語氣，將自己的想法平靜地表達出來。

比如將「我怎麼知道」改為「我不知道」，將「你怎麼早不說」改為「你下次記得提醒我」，將「你沒看到我正在煮飯嗎」改為「等一下，很快就好了」。

少否定，多肯定

理想伴侶的濾鏡往往會被生活瑣事打破，各種各樣的不滿由此產生。當我們內心的焦慮沒有得到安撫的時候，就會釋放給對方。

很多時候，一句真誠的稱讚就可以避免一場家庭大戰的爆發。肯定對方，也就是告訴對方「我懂你」，這是一種內心成熟的表現。當你學會了用愛的語言來表達自己的想法和情緒時，對方自然也會以愛回饋。

6. 痛苦與衝突：既要全情投入，又要及時抽離

在閱讀過的文學作品中，令我印象最深刻的女性角色是法國作家梅里美筆下的卡門。

卡門是一位熱愛自由的波希米亞姑娘，個性強烈而獨特。她桀驁不馴，一言不合就在同廠女工的臉上劃個血淋淋的「十」字；她恩怨分明，當唐．荷賽因為故意放走她而被判監禁時，會假稱唐．約荷賽的表妹送麵包給他。當然，最吸引我的，還是卡門對待愛情的態度——愛的時候毫不掩飾，不愛的時候也絕不妥協，熱烈而純粹。

卡門與唐．荷賽因為幾次相遇而日漸熟絡，愛情就此萌芽。感情穩定時，卡門可以半個月寸步不離地照顧重傷的唐．荷賽；感情消散後，卡門也明明白白地告訴唐．荷賽，不可能跟著他去美洲過日子。她不依附於任何人，她只是她自己。因此，儘管知道唐．荷賽要殺死自己，她也坦然面對，並且在死前大聲宣告：「卡門永遠是自由的，她生為吉普賽人，死為吉普賽人。」

如果以現代的道德觀來評判，卡門有些行為並不妥當，但是她在感情上自由的態度卻可以讓無數糾結於「他到底愛不愛我」的人擺脫困局。

愛就在一起，不愛就離開。愛的時候全情投入，不愛的時候及時抽離，這樣才能既領會到愛情的美妙，又避免不必要的煩擾。

在這個世界上，有的愛情細水長流，有的愛情跌宕起伏，但無論什麼形式，所有的愛情都既看不見也摸不著，只能體驗。只有投入地去愛，才能體驗到與人相愛的美好感覺。

有的人把愛情或婚姻當作靈藥，認為找到一個理想伴侶就能改變不如意的生活局面；有的人把愛情或婚姻當作附屬品，認為只要自己對別人好，別人就應該接受自己，無條件地服從自己。上述兩種人都犯了一個錯誤，把親密關係當成滿足自己的慾望或實現自己的目標的手段。

愛情裡最好的心態是「我愛你，與你無關」。「全情投入」既是一種面對愛情的信念，也是一種愛的能力。

而當我們在親密關係中遭遇痛苦和衝突的時候，就應該改變狀態，及時抽離出來。這才是有鬆弛感的人生態度。

出身貧寒的簡．愛到桑費爾德莊園當家庭教師，認識了莊園主羅徹斯特。兩人即便身分和地位差距懸殊，也不顧一切地相愛了。就在準備婚禮的時候，簡．愛發現，羅徹斯特還有一個罹患精神病的合法妻子。得知這個消息，簡．愛毅然決然地離開了。

簡．愛的離開是為了還自己清白，保留自己的尊嚴。

在親密關係中，每個人都有選擇離開的權利。

有些時候，親密關係中的痛苦和衝突並沒有嚴重到需要放棄的程度。情侶或夫妻之間可能因為午餐吃什麼而意見不合、引發爭吵，也可能因為對方訊息回太慢而產生不滿，這些都是小風浪，會讓雙方的情緒和關係出現波動。但如果不及時處理，小風浪也可能帶來翻船的危險。

如果想讓親密關係風浪平息，我們就應該懂得適度抽離，從局外人的角度來看待這些爭吵與不滿。比如可以在吵架的時候將注意力從自我的情緒中跳脫出來，去觀察對方的反應，這有可能讓你同理對方的憤怒，開始理解對方的想法和感受。當你有了這樣的覺察，瞭解到對方的真實需求，就能夠有針對性地解決兩個人之間的問題了。

人生雖短，愛卻綿長。做一個既能投入又懂抽離的人，保持進退自如的姿態，讓自己浸潤在愛與美的滋養中，享受生命的每時每刻。

高寶書版集團
gobooks.com.tw

高寶文學 089
鬆弛感，就是怎麼舒服怎麼活

作　　者　* 小野
責任編輯　陳柔含
封面設計　黃馨儀
內頁排版　賴姵均
企　　劃　鍾惠鈞

發 行 人　朱凱蕾
出　　版　英屬維京群島商高寶國際有限公司台灣分公司
　　　　　Global Group Holdings, Ltd.
地　　址　台北市內湖區洲子街 88 號 3 樓
網　　址　gobooks.com.tw
電　　話　(02) 27992788
電　　郵　readers@gobooks.com.tw（讀者服務部）
傳　　真　出版部 (02) 27990909　行銷部 (02) 27993088
郵政劃撥　19394552
戶　　名　英屬維京群島商高寶國際有限公司台灣分公司
發　　行　英屬維京群島商高寶國際有限公司台灣分公司
法律顧問　永然聯合法律事務所
初版日期　2024 年 07 月

原書名：鬆弛感

ZITO

國家圖書館出版品預行編目 (CIP) 資料

鬆弛感，就是怎麼舒服怎麼活 /* 小野著 . -- 初版 . -- 臺北市：英屬維京群島商高寶國際有限公司臺灣分公司，2024.07
　面；　公分 . -- (高寶文學：089)

ISBN 978-626-402-006-0(平裝)

1.CST: 自我實現　2.CST: 生活指導

176.52　　113007885